PENSÉES
QUOTIDIENNES

Éditions Prosveta S.A. – B.P.12 – 83601 Fréjus Cedex (France)

ISBN 978-2-8184-0005-0

Omraam Mikhaël Aïvanhov

PENSÉES QUOTIDIENNES

2012

P R O S V E T A

« Chaque matin, avant d'entreprendre quoi que ce soit, recueillez-vous un moment afin d'introduire en vous la paix et l'harmonie, et de vous lier au Créateur en Lui consacrant, par la prière et la méditation, cette journée qui commence.

L'essentiel, c'est le commencement. C'est là, au commencement, que les forces nouvelles se déclenchent et s'orientent. Pour agir correctement, il faut toujours commencer par chercher la lumière. Quand il fait nuit, vous ne vous précipitez pas dans l'obscurité pour aller prendre un objet ou commencer un travail, mais vous allumez d'abord une lampe pour y voir, et ensuite vous agissez. Eh bien, pour n'importe quel cas dans la vie, vous avez tout d'abord besoin d'allumer la lumière, c'est-à-dire de vous concentrer, de vous recueillir, afin de savoir comment agir. Si vous n'avez pas cette lumière, vous irez à gauche, à droite, vous frapperez à plusieurs portes, et vous ne ferez rien de bon.

Toute la journée est inscrite dans la direction que vous donnez dès le matin à vos pensées. Car suivant que vous êtes attentif et vigilant ou non, vous déblayez le chemin ou, au contraire, vous l'encombrez de toutes sortes de choses inutiles ou même nocives. Le disciple de la Science initiatique sait comment il doit commencer la journée s'il veut qu'elle soit fructueuse, remplie de la grâce de Dieu, afin de pouvoir répandre cette grâce autour de lui sur toutes les créatures. Il sait qu'il doit avoir, dès le matin, une pensée fondamentale autour de laquelle graviteront, durant la journée, toutes ses autres pensées.

Si vous avez pour chaque jour un but précis, une orientation précise, un idéal à atteindre, toutes vos activités vont peu à peu s'ordonner, s'organiser et contribuer à la réalisation de cet idéal. Et même lorsque des pensées et des sentiments étrangers, négatifs, tenteront d'entrer en vous, ils seront détournés et mis au service du monde divin, ils seront obligés eux aussi d'aller dans la direction que vous avez vous-même choisi de prendre. Et c'est ainsi que, grâce à la pensée fondamentale que vous aurez placée dès le matin dans votre tête, dans votre cœur, vous pourrez inscrire cette journée dans le grand Livre de la Vie.

Et puisque tout s'inscrit, une fois que vous aurez vécu une journée splendide, une journée de vie éternelle, non seulement elle sera enregistrée, non seulement elle ne mourra pas, mais elle tâchera d'entraîner toutes les autres journées à sa suite pour qu'elles lui ressemblent. Essayez au moins de bien vivre une seule journée car c'est elle qui influencera les autres : elle va les inviter pour leur parler et les convaincre d'être comme elle, équilibrées, ordonnées, harmonieuses. »

Omraam Mikhaël Aïvanhov

1 Janvier

En ce premier jour de l'année, vous aimeriez n'entendre de moi que des promesses de succès et de bonheur. Eh bien, non, comme l'existence est une longue chaîne de moments qu'il faut vivre consciemment les uns après les autres, je ne peux vous dire que la vérité : votre bonheur futur est dans le travail de chaque jour. Tous les efforts que vous faites chaque jour s'inscrivent en haut dans le Livre de la Vie. Et grâce à ces efforts, que de bénédictions se préparent pour vous ! Quand vous les recevrez, vous vous demanderez : « Pourquoi tant de cadeaux ? » et il vous sera répondu : « Parce que, par votre travail, vous vous êtes élevé jusqu'aux régions de la lumière, et vous avez aussi apporté la lumière et la paix à des êtres qui étaient dans la détresse et l'obscurité. »

Je ne peux rien vous dire de plus. Continuez, marchez sur le chemin de la lumière. Qu'y aura-t-il au bout de ce chemin ? Vous le découvrirez en arrivant, et vous serez ébloui.

2 *Janvier*

L'existence est un perpétuel mouvement. Même quand on a seulement à poursuivre aujourd'hui les activités de la veille, aucune journée ne se présente dans des conditions identiques. Du jour au lendemain, combien de choses peuvent changer ! Dans le travail, dans la famille, dans la société, il faut toujours s'adapter. Si on n'est pas prêt, voilà les surprises ! Et on sait les effets produits par les situations auxquelles on ne s'attendait pas : l'incertitude, l'agitation, le trouble.

Chaque jour apporte de nouveaux problèmes à résoudre. Comment y arriverez-vous si vous n'avez pas tiré au clair ce que vous avez vécu la veille ? Vous ne pouvez être sûr du lendemain que si aujourd'hui vous avez su consolider les bases de votre vie psychique. La manière dont vous ressentirez les événements extérieurs ne dépend que de vous, de votre capacité à organiser votre monde intérieur. C'est cette organisation qui se reflétera sur votre perception des choses : quand arrivera le lendemain, les événements vous trouveront prêt et déterminé.

3 Janvier

Créer… Parmi les instincts que possède tout être humain, créer est certainement l'un des plus puissants. Pourquoi ? Parce que l'être humain a la vocation de ressembler à son Père céleste. Et si ce n'est pas à des enfants qu'il veut donner naissance, cela peut être à des œuvres d'art. L'art est un des signes que ce désir de devenir créateur ne se limite pas à la création des enfants, à une simple reproduction pour la conservation de l'espèce : il se manifeste comme un besoin d'aller plus loin, de trouver toujours des formes nouvelles, plus belles, plus accomplies.

Le pouvoir créateur de l'homme réside plus haut que son niveau de conscience ordinaire. Il se trouve dans une partie de son âme qui se manifeste à ce moment-là comme une antenne, avec la faculté d'explorer, de contempler des réalités situées bien au-delà de lui et d'en capter les éléments. Quand un être humain est capable de se dépasser, de se surpasser, c'est à ce moment-là seulement qu'il peut prétendre créer.

4 Janvier

Êtes-vous tellement heureux quand vous avez obtenu ce que vous souhaitez ? Êtes-vous vraiment satisfait ? Pour un moment, oui, peut-être. Mais, très vite après, vous ressentez un vide, il vous manque encore quelque chose. Alors, quelle conclusion tirer de ces expériences ? Que vous devez nourrir des désirs irréalisables, c'est ainsi que vous serez toujours dans le bonheur : à cause de ces désirs. Comment expliquer cela ? Par le fait que dans ses pensées, dans ses désirs, l'homme a des possibilités infinies, car dans le monde de l'âme et de l'esprit il n'y a pas de limites. S'il sent des limites, c'est qu'il s'est lui-même limité.

Vous devez donc nourrir des rêves irréalisables et, grâce à votre vie spirituelle, vos désirs et vos pensées deviendront si purs et lumineux qu'ils s'élèveront très haut dans l'espace, où ils toucheront des êtres, des éléments correspondant exactement à leur nature. Peu à peu, vous attirerez ces éléments à vous et vous serez toujours dans la joie.

5 Janvier

L'Intelligence cosmique a donné un son déterminé à chaque créature afin qu'elle puisse participer à la symphonie universelle. Seuls les humains ont la possibilité de se retrancher de cette symphonie, car le Créateur leur a aussi donné une volonté libre, et s'ils s'en servent pour se laisser aller à leurs instincts, à leurs passions, à leurs caprices, ils s'éloignent de plus en plus de l'harmonie cosmique et se privent de ses bénédictions.

Le jour où les humains se décideront à prendre l'unité, l'harmonie pour but de leur existence, de leurs travaux, leur conscience s'élargira. En vibrant à nouveau en accord avec le Tout, ils rétabliront le canal par lequel les énergies les plus pures de l'univers recommenceront à circuler en eux pour les vivifier.

6 Janvier

Il y a dans chaque être humain quelque chose, on peut dire un espace, que rien ni personne n'arrivera jamais à remplir, excepté Dieu Lui-même. Dans cet espace qu'on appelle le cœur, vous pouvez mettre tous les êtres, tous les objets que vous voulez, il restera encore de la place et vous sentirez un manque, un vide. Seul Dieu qui est incommensurable, infini, peut combler ce vide.

Quand vous aurez fait entrer Dieu dans votre cœur, chaque être, chaque chose vous apportera de la joie à cause de cette présence de Dieu en vous. Commencez donc par ouvrir votre cœur à Celui qui vous a créé, il y aura ensuite de la place pour toutes les autres créatures. Elles seront les bienvenues et plus jamais vous ne vous sentirez seul ou abandonné.

Ne vous préoccupez pas de savoir si l'être que vous aimez est aussi celui qui vous aime. Pourquoi ? Parce que l'amour circule, il va de l'un à l'autre : on le reçoit, on doit le donner. Ce que vous donnez à un être que vous aimez, il le donne à son tour, et ainsi se forme une chaîne, un courant qui part de vous et vous revient à travers des milliers d'hommes et de femmes. Souvent, ceux qui se contentent de se renvoyer mutuellement leur amour ne font pas circuler le courant ; au contraire, ils le coupent.

Et voici encore une image. Représentez-vous les humains comme des alpinistes qui font partie d'une seule et même cordée. Il faut que chacun avance et que la corde reste tendue. Si vous dites à celui qui marche devant vous : « Je t'aime, retourne-toi, regarde-moi », vous entravez la marche de toute la colonne. Se retourner, c'est détendre la corde, c'est empêcher ceux qui sont devant de continuer à monter, et ceux qui sont derrière de poursuivre leur route. Chacun doit marcher dans le sens du déplacement de toute la chaîne. Nous n'avons pas à nous arrêter en chemin pour nous regarder et nous parler ; nous devons toujours monter sans répit, sans défaillance, vers le sommet. La vie quotidienne vous donnera tellement d'occasions d'interpréter cette image !

8 Janvier

Dans tout ce qui vous arrive, les peines comme les joies, il y a quelque chose à découvrir pour votre épanouissement, votre compréhension de la vie. Et la gratitude est la clé qui ouvre les portes du vrai savoir. C'est pourquoi le matin, au réveil, avant de penser à quoi que ce soit, dites : « Mon Dieu, merci de m'avoir donné la vie aujourd'hui encore, afin que je puisse Te servir et accomplir ta volonté, pour ta gloire et l'avènement de ton Royaume sur la terre. »

Par ces quelques mots, déjà, vous vous mettez sous la protection du Ciel, vous donnez une bonne orientation à tout ce que vous ferez dans la journée, et vous trouvez la bonne attitude à avoir devant tous les événements qui peuvent survenir. Car il ne suffit pas de dire « Merci, Seigneur » au moment où vous apprenez une bonne nouvelle, ou si vous recevez quelque chose qui vous fait plaisir. C'est partout et tout le temps que vous devez apprendre à remercier.

Qu'il soit plus facile d'obtenir une chose que de la conserver, cela s'observe chaque jour dans la vie courante. Combien de gens qui sont capables de mettre en œuvre toute leur intelligence, leur volonté, leur patience pour remporter des succès et obtenir ce qu'ils souhaitent, se montrent ensuite si négligents, si imprudents, qu'ils perdent tout !

Et, malheureusement, cela est encore plus vrai pour la vie intérieure. Alors, s'il vous vient une idée, une inspiration, un élan, efforcez-vous de les conserver, et non seulement de les conserver, mais de les nourrir, de les amplifier. N'oubliez jamais que des entités lumineuses du monde invisible vous observent. Si elles voient que vous vous concentrez sur les vérités essentielles, sur les richesses essentielles, elles vous donnent ce que la terre ne pourra jamais vous donner. Et ce que vous avez reçu, gardez-le précieusement ; vous ne savez pas combien d'entités se sont mobilisées pour que vous l'obteniez. Oui, comment pouvez-vous croire que vous l'avez acquis tout seul, sans aucune aide ?.... Alors maintenant, ne vous montrez ni négligent ni ingrat, conservez ce trésor, mettez-le bien à l'abri.

10 Janvier

Un être ne devient véritablement moral que lorsque s'éveille en lui la sensibilité à tout ce qui est collectif, universel, cosmique. Cette faculté lui permet non seulement d'entrer dans l'âme et le cœur des autres, mais, s'il lui arrive de les faire souffrir, d'éprouver lui-même les douleurs qu'il leur inflige et chercher à réparer.

Un jour, les humains devront comprendre que tout ce qu'ils font aux autres, le bien comme le mal, c'est aussi à eux-mêmes qu'ils le font. En apparence, chaque être est isolé, séparé des autres ; mais en réalité, dans le plan spirituel quelque chose de lui vit dans toutes les créatures, dans tout l'univers. Si cette conscience universelle est éveillée en vous, au moment où vous portez préjudice aux autres, vous sentez que c'est vous aussi que vous lésez. Et il en est de même lorsque vous leur apportez votre aide et votre amour. Voilà le fondement de la morale : quand l'homme commence à sentir en lui-même le mal et le bien qu'il fait aux autres.

Présentez-vous chaque jour devant le Seigneur et demandez-Lui d'être guidé afin de bien agir pour vous-même et pour les autres. Bien sûr, ce n'est pas Lui en personne qui viendra vous inspirer, mais Il vous enverra des anges qui vous accompagneront… Plus tard, vous apprendrez que sur les chemins où vous avez marché, beaucoup d'accidents, de malheurs ont pu être évités, et que beaucoup de bonnes choses, au contraire, ont été réalisées. Les entités célestes vous diront : « Regarde, tout cela a été fait grâce à toi. »

Oui, un jour, vous connaîtrez ce que vous avez fait ou, plutôt, ce qui a été fait à travers vous. On vous montrera combien d'entités magnifiques ont pu se manifester parce que vous aviez commencé la journée en demandant au Seigneur de diriger votre vie.

12 Janvier

Le passé vous échappe et vous ne tenez pas encore l'avenir. Seul le présent vous appartient, il est entre vos mains comme une matière première à modeler. Vous avez là une minute, une heure, une journée… Cette minute, cette heure, cette journée vous appartiennent et efforcez-vous de les vivre dans la clarté. Lorsque vous aurez dégagé l'espace entre vous et le monde divin, vous pourrez dire que l'avenir aussi vous appartient.

Votre avenir, c'est la joie, la lumière. Et ne vous laissez pas influencer par ceux qui ne prédisent que des difficultés, des malheurs, parce qu'ils ne savent pas ce qu'est véritablement l'avenir ni comment le créer. Les malheurs, c'est le passé, et non l'avenir. Pour se présenter, l'avenir, c'est-à-dire votre véritable avenir de fils et de filles de Dieu, attend que le passé soit effacé. Mais cela ne signifie pas que l'avenir n'est pas en marche. En réalité, il est vivant, il est déjà là : vous êtes en train de le créer.

13 *Janvier*

Automatiquement, distraitement, vous introduisez tous les jours des clés dans des serrures sans voir que vous répétez là, symboliquement, le travail de l'esprit (la clé) dans la matière (la serrure). Alors, décidez-vous à étudier ce que sont une clé et une serrure, et vous aurez des clés pour ouvrir des serrures auxquelles vous n'avez encore jamais pensé. Oui, les oreilles, la bouche, les narines, les yeux, voilà des serrures ; et le cerveau lui-même est une serrure. Lorsque vous comprendrez cela, vous serez en possession des clés qui ouvrent les portes de la nature, mais aussi des portes en vous-même.

Et que sont l'intellect, le cœur et la volonté ? Des portes qui donnent accès aux régions où nous pensons, sentons, agissons, et les clés pour ouvrir ces portes sont la sagesse, l'amour et la vérité. La sagesse ouvre l'intellect, l'amour ouvre le cœur, et la vérité ouvre la volonté. Quand vous avez un problème, essayez ces clés. Vous ne réussissez pas avec la première ? Essayez la deuxième. La deuxième n'ouvre pas non plus ? Essayez la troisième. Si vous savez comment opérer, il est impossible qu'une de ces trois clés ne finisse pas par résoudre votre problème.

14 *Janvier*

Vous avez tous certainement ressenti l'influence de vos pensées et de vos sentiments sur le fonctionnement de votre organisme. Mais cette observation, vous ne l'avez faite, le plus souvent, que dans le cas de pensées et de sentiments négatifs comme la colère, la peur, le mécontentement, la jalousie, ou les émotions causées par une mauvaise nouvelle. Les sécrétions glandulaires sont alors perturbées, le système nerveux ébranlé, et voilà les maux de tête, les nausées, les contractions d'estomac, les coliques…

Vous savez donc tous par expérience que certains sentiments et émotions peuvent vous rendre malades. Mais combien, parmi vous, font vraiment quelque chose pour les éviter, se maîtriser et surtout pour cultiver des sentiments, des émotions qui les réjouissent, les renforcent et améliorent leur santé ? Il est pourtant facile de comprendre que, autant on s'affaiblit en se laissant aller à des états de conscience négatifs, autant on deviendra fort, libre et plus vivant quand on travaillera avec des états de conscience positifs.

Comment définir l'être humain ? La nature inférieure et la nature supérieure sont si inextricablement mêlées en lui qu'il est impossible de dire où finit l'une et où commence l'autre. La Divinité habite chez tous les êtres, même les moins évolués ; la différence est dans la conscience. Dieu est présent de la même façon et aussi pleinement chez les gens les plus grossiers et les plus amoraux que chez un Maître spirituel ; mais parce que ces gens grossiers et amoraux n'ont pas conscience que la Divinité habite en eux, ils l'empêchent de se manifester. Ainsi, il y a des êtres et des lieux où la présence divine ne se manifeste pas, parce qu'ils se sont fermés à elle, ils ne l'acceptent pas.

Dieu existe en nous et Il veut se manifester dans toute sa beauté, sa puissance, sa lumière, son amour. C'est donc à nous de prendre conscience de cette présence et de travailler à la faire vivre chaque jour plus intensément en nous.

16 Janvier

Un jeune homme veut, supposons, devenir ingénieur. Il doit forcément accepter un programme d'études, et s'il est vraiment fait pour cette profession, ces études contribueront à la réalisation du programme qu'il porte inscrit dans son âme. Malheureusement, sous l'effet de toutes sortes de pressions extérieures, mais aussi poussés par leurs ambitions personnelles, beaucoup d'hommes et de femmes sont amenés à choisir des professions qui ne favorisent pas leur développement spirituel.

Il est impossible d'échapper aux contraintes imposées par la famille, la société, mais autant que vous le pouvez, choisissez une activité qui vous permette de vivre en conformité avec le programme inscrit dans votre âme. Ce programme est celui que Jésus a déjà donné il y a deux mille ans : *« Soyez parfaits comme votre Père céleste est parfait. »* Se rapprocher chaque jour davantage de la perfection du Père céleste, voilà le seul, l'unique programme valable pour tout le genre humain.

Chaque activité de la vie quotidienne contient un enseignement que vous devez méditer. Vous savez par exemple que vous devez chaque jour consacrer au moins quelques minutes à garder votre maison propre et en ordre, sinon l'existence deviendrait vite insupportable. Alors, pourquoi n'avez-vous pas encore compris la nécessité de nettoyer et de mettre de l'ordre dans votre for intérieur avec la même patience, la même régularité, la même ténacité ? Évidemment, si votre maison est devenue trop sale, ou trop encombrée, ou trop délabrée, vous avez toujours la possibilité d'aller habiter ailleurs. Mais essayez de déménager hors de vous-même !

C'est donc chaque jour, infatigablement, que vous devez visiter votre for intérieur et dire : « Voyons, qu'est-ce qui ne va pas ? » et ne pas laisser les choses traîner, la poussière s'accumuler, les ordures s'entasser, sinon il arrivera un jour où il sera trop tard pour remédier à la situation. C'est chaque jour, plusieurs fois par jour, qu'il faut faire le ménage, c'est-à-dire ramener l'ordre, la pureté, la paix et l'harmonie en soi.

Parce qu'ils n'ont pas encore appris comment développer les centres psychiques qui permettent d'entrer en contact avec le monde invisible, la majorité des humains se sont formé une philosophie basée uniquement sur les perceptions des cinq sens, ce qui les conduit à des conclusions erronées. Par exemple, quel psychiatre, quel psychanalyste admettra que les troubles psychiques sont dus à la présence en l'homme d'entités malfaisantes ? Les chercheurs ne les ont pas vues au bout de leurs appareils, donc elles n'existent pas. Mais qu'ils réfléchissent : les virus, les bacilles, qui sont des créatures invisibles à l'œil nu, sont visibles au microscope ; alors, pourquoi ne pas admettre qu'il pourrait exister d'autres créatures que nos appareils ne sont pas encore assez perfectionnés pour détecter ? En tout cas, les ravages que ces créatures produisent sont aussi visibles que les ravages produits par les virus ; ça, on ne peut pas le nier.

La science arrivera sans doute un jour à mettre au point des appareils qui rendront évidente la présence des esprits du monde invisible. Mais en attendant, il est préférable d'admettre leur existence, et surtout d'apprendre à se protéger des esprits ténébreux en menant une vie inspirée par la sagesse, l'amour et la pureté, qui attirera les esprits lumineux.

Le respect, l'admiration, la vénération que les disciples ont pour leur instructeur doivent avant tout servir à les stimuler dans leur travail, sinon, ce respect, cette admiration, cette vénération sont un fardeau pour lui, et les disciples n'apprennent rien.

Certains croient en leur Maître comme ils croient en Dieu, ils s'imaginent que leur foi les sauvera et que le Maître fera des miracles pour eux. Non, la foi seule, que ce soit en Dieu ou dans un Maître, n'a jamais sauvé personne. Que les disciples cessent donc de compter sur les miracles qu'à leur avis leur Maître peut faire pour eux : ils avanceront plus rapidement, car c'est à ce moment-là qu'il les aidera vraiment. S'ils sont là, les yeux toujours fixés sur lui, attendant tout de lui, ils le paralysent, il ne peut rien pour eux et ils restent stériles. Mais qu'ils travaillent, qu'ils se préparent : au moment où ils seront prêts, ils recevront de l'aide.

Autour de leur enfant les parents doivent créer une atmosphère de paix, d'harmonie, même pendant son sommeil, car l'enfant est réceptif à tous les courants qui circulent autour de lui. C'est ainsi que plus tard il sera bien armé, capable de faire face aux chocs et aux duretés de la vie.

Lorsqu'un enfant vient au monde, ses parents doivent d'abord se dire que cet enfant ne leur appartient pas, qu'il est un fils, une fille de Dieu à qui ils ont seulement donné un corps, c'est-à-dire une maison. Et que tous ceux qui l'approchent se conduisent aussi avec attention et respect, afin de le protéger. Qu'ils évitent surtout d'abuser de sa confiance, de lui donner de mauvais exemples et des conseils pernicieux. Ce que voit un enfant, ce qu'il entend, ce qu'il vit s'imprime en lui pour toujours. C'est pourquoi, je ne le répéterai jamais assez : la responsabilité des parents et des adultes vis-à-vis des enfants est immense. Ils doivent trembler à la pensée qu'ils peuvent se rendre coupables de paroles ou d'actes mauvais qui les marqueront définitivement. Les adultes qui ne respectent pas les enfants seront un jour ou l'autre punis par le Ciel, et ces punitions sont terribles.

Combien de gens pris dans le tourbillon de leurs activités quotidiennes ne pensent pas qu'à chaque instant ils peuvent perdre la vie ! Ou même s'ils y pensent, la mort reste pour eux un mot vide de tout contenu. Alors, quand le moment de quitter la terre approche, il se fait en eux une prise de conscience terrible, et le remords s'empare d'eux, car ils ont la sensation d'être passés à côté de tout ce qui fait le prix de l'existence.

Même si le remords n'efface rien, il est bon de regretter ses fautes et le temps perdu. Mais pour que ces regrets ne soient pas stériles, il faut en même temps se lier à la lumière, car elle est notre seul salut. Où que nous allions, c'est la lumière qui nous conduit, et elle est aussi pour nous une nourriture.

La vie est une, et c'est à chaque moment qu'il faut être conscient de ce que l'on fait, car aucun geste ne reste isolé ; intérieurement ou extérieurement, tout a des répercussions. C'est pourquoi il est important d'apprendre aussi à se saluer. Vous apercevez une connaissance, un ami... Même si vous ne devez lui donner de loin qu'un salut de la main, faites-le consciemment, afin de lui communiquer la vie à travers votre main : des courants d'énergies, des rayons de couleurs...

Les échanges les plus puissants, les plus bénéfiques ne sont pas nécessairement ceux que l'on fait en se rapprochant physiquement. On peut mettre beaucoup d'amour et de lumière dans un geste de la main et dans le regard qui l'accompagne. Alors, que votre âme participe à votre salut et que votre esprit aussi y participe, afin que chacun puisse sentir que ce qu'il reçoit par ce salut entre en lui et le rend meilleur. Il est tellement important d'avoir des contacts psychiques harmonieux avant de se rencontrer dans le plan physique pour parler ou travailler !

La patience travaille avec le temps. Avec le temps, tout ce que vous avez vécu, même les moments les plus difficiles, peuvent devenir une source d'enrichissement et de joie. Rien, en effet, n'arrive pour rien, tout a un sens, mais c'est à vous de le trouver. Au moment où vous éprouvez une souffrance de quelque nature que ce soit, que votre pensée ne reste pas fixée sur elle, ligotée à elle ! Projetez-la dans le futur en vous disant que bientôt vous aurez oublié ce qui vous fait maintenant tant de mal ou, s'il est impossible de l'oublier, vous le verrez sous un autre jour. Quand on sait combien nos états intérieurs peuvent se modifier avec le temps, on supporte tellement plus de choses !

Pour développer la patience, il y a aussi des exercices pratiques que vous pouvez faire. Par exemple, lavez-vous les mains et touchez ensuite vos oreilles en étirant doucement le lobe vers le bas. Et en voici encore un autre : de temps en temps, massez-vous le plexus solaire dans le sens des aiguilles d'une montre.

Étudier l'anatomie humaine, c'est un peu comme dénombrer et décrire les différentes parties d'un bâtiment. Or, ce bâtiment n'est pas vide, et ceux qui l'occupent sont de différentes sortes. Bien sûr, nous abritons des entités spirituelles, mais aussi des animaux : reptiles, fauves, oiseaux, etc. Ils ne sont pas là physiquement, c'est évident, mais dans le psychisme ils sont là sous forme de pulsions instinctives.

Et dans ce bâtiment que représente chaque être humain s'entassent aussi tous ses ancêtres, toutes les générations qui l'ont précédé. On les désigne sous le terme abstrait d'hérédité, mais en réalité ce sont des créatures bien vivantes qui l'habitent et qui le tirent dans toutes les directions, bonnes ou mauvaises. Oui, vous devez le savoir, beaucoup de membres de votre famille qui ont quitté la terre habitent en vous et se manifestent à travers vous.

25 *Janvier*

Personne ne niera que tous les êtres humains qui peuplent la planète sont vivants. Même s'ils ne mènent qu'une vie végétative, instinctive, ils sont vivants. Et la plupart ont aussi une vie émotionnelle, affective, ou même une vie intellectuelle. Mais plus haut, dans le plan spirituel, combien sont déjà morts ! Et quand on est mort en haut, peu de temps après on meurt aussi en bas. Comme dit la sagesse populaire, le poisson commence à pourrir par la tête, et c'est ce qui se passe avec les ignorants qui laissent pourrir leur tête, c'est-à-dire qui abandonnent l'esprit : la contamination finit par se propager dans toutes les cellules de leur corps.

Une fois que l'homme est mort spirituellement, il est déjà un cadavre en haut et il meurt successivement dans les autres plans* : dans le plan mental – la pensée – il perd sa lumière ; dans le plan astral – les sentiments – il perd sa chaleur ; dans le plan éthérique il perd ses énergies vitales ; et alors le corps physique, qui n'est plus soutenu par toutes ces énergies, finit par mourir aussi. Pour un Initié, le mot « vie » sous-entend toujours la vie spirituelle, car c'est elle qui maintient tout l'édifice.

* Voir note et schéma, p. 376-377.

Pour comprendre ce qu'est un véritable sage, il faut se débarrasser de cette image de l'ermite qui se retire du monde et qui, de temps à autre, sort de sa solitude pour proférer devant les autres quelques paroles édifiantes. Comment aider les humains si on ne les comprend pas ? Et comment les comprendre si on ne vit pas au milieu d'eux pour connaître leurs difficultés et leurs souffrances ? Que de temps à autre on ait besoin de s'éloigner un peu pour se retrouver, se recharger, c'est normal, c'est nécessaire, afin d'être ensuite à nouveau disponible. Mais là encore, il faut rester conscient que, même lorsqu'on est seul, les autres existent, et qu'au moment où on les rencontrera, on devra être attentif, vigilant, perspicace.

Contrairement à ce que beaucoup imaginent, le sage ne regarde pas les autres de loin. Au contraire, il sait entrer dans leur situation à tous, c'est pourquoi il y a de la profondeur dans ses observations, de la mesure dans ses jugements, de l'équilibre dans ses actes. Vous direz : « Mais jusqu'où peut-il aller ainsi ? » Jusqu'à l'infini.

En nous mettant au service du Seigneur, nous participons à sa vie même ; et la vie divine, c'est la lumière, la paix, la force, l'amour, la joie et la liberté.

Oui, contrairement au serviteur des hommes, le serviteur de Dieu devient de plus en plus libre, et plus riche aussi. Mais à condition que ce soit bien Dieu qu'il serve. Ne pas se mettre au service de gens qui l'exploitent, ne suffit pas pour que quelqu'un se dise serviteur de Dieu. Combien, à leur insu, servent un maître et même plusieurs ! Et ces maîtres, quels sont-ils ? Leurs appétits, leurs convoitises, leurs ambitions… Ils ne s'en rendent pas compte, mais c'est là qu'ils sont véritablement en train de se ligoter et de s'appauvrir. Seul peut devenir serviteur de Dieu celui qui sait comment utiliser ses énergies, ses facultés, et dans quel but.

Qui ne connaît pas ce commandement donné par Jésus : « *Tu aimeras ton prochain comme toi-même* » *?* Même si on considère qu'il est difficile à mettre en pratique, on croit généralement qu'il est facile à comprendre. Mais je vous demande : comment les gens s'aiment-ils eux-mêmes ? Ils font des excès de toutes sortes, maltraitent leur estomac, leurs poumons, leur cœur, leur cerveau… Si on demandait à tous ces organes ce qu'ils pensent de l'amour des humains, ils vous diraient leurs souffrances et leur mécontentement.

L'être humain oublie trop souvent que son corps physique représente toute une population, des millions de cellules avec des fonctions bien définies : on y trouve des soldats, des médecins, des ministres, des architectes, des évêques, des pharmaciens… exactement comme dans la société. Et l'homme qui est le roi de ce peuple ne se soucie pas beaucoup de lui ; c'est pourquoi ses cellules se plaignent sans cesse de ce roi injuste, ignorant, paresseux, qui les nourrit mal et les laisse sans lumière, sans chaleur, sans air pur. Alors, quel amour peut-il avoir pour les autres quand il s'aime si mal lui-même ?

Vous avez certainement remarqué que, lorsque vous êtes triste ou découragé, penser à une personne que vous aimez ou admirez vous réconforte. Pourquoi ? Parce que les images que nous avons dans la tête ou dans le cœur ne restent pas inactives ; elles possèdent une vie, des pouvoirs, elles sont comme des transformateurs, des sources d'énergie.

Une image peut vous perdre et une image peut vous sauver. Une image peut vous intoxiquer et une image peut agir comme un contrepoison. Toute image est liée à une idée, et lorsque vous vous concentrez sur une image, elle agit sur vous, elle pose son sceau sur vous. Ne négligez jamais ce travail intérieur tellement bénéfique que vous pouvez faire avec les images.

Ce qui est le plus décourageant avec les humains, c'est qu'ils acceptent l'idée de mener une vie limitée. Être faible, malade, malheureux, pour eux c'est normal, ils n'imaginent pas que la vie puisse être autrement. Bien sûr, personne ne peut totalement échapper à certaines limitations que nous impose la nature, mais nous pouvons les reculer, nous ne sommes pas obligés d'en être toujours prisonniers ou victimes. Non seulement il est possible de prolonger de bons états, de bonnes conditions, mais aussi de retarder l'apparition d'états négatifs ; seulement, pour cela, il faut au moins croire que c'est possible.

Malheureusement, quand on observe les humains, on voit qu'ils se conduisent comme s'ils étaient hypnotisés, comme si on avait tracé une ligne devant eux en leur disant : « Voilà, vous n'irez pas plus loin ! » Et ils le croient, ils acceptent cette limitation comme une fatalité. Eh non, ce n'est pas une fatalité. Mais ils ne se connaissent pas, ils n'ont pas conscience de toutes les ressources, de tous les pouvoirs que le Créateur a placés en eux, et ils restent là à patauger. Alors, désormais, efforcez-vous de repousser vos limites, et vous sentirez, vous toucherez que vous pouvez beaucoup plus que vous ne l'imaginiez.

31 Janvier

Lorsqu'à force de travail, d'abnégation, de sacrifices, un être humain s'est complètement libéré, qu'il n'a plus aucune dette karmique à payer, il n'est plus soumis à la loi de la réincarnation. Ce sont les régions célestes qui sont désormais son séjour et il vit là dans la béatitude et la lumière.

Mais parmi ces êtres qui se sont libérés, il y en a quelques-uns qui, voyant les souffrances de leurs frères humains sur la terre, décident de revenir les aider. Lorsqu'on a vécu sur la terre, on ne peut pas absolument effacer le souvenir des expériences qu'on a faites et couper le lien avec elle. Alors, même s'ils sont libres, même s'ils goûtent les joies de l'infini et de l'éternité, certains êtres éprouvent le besoin de jeter un regard sur ces pauvres humains parmi lesquels ils ont autrefois vécu et auxquels, malgré toute la distance qui les sépare, ils se sentent encore liés. Après des siècles, des millénaires même, ils se souviennent, et dans la grandeur et l'abondance de leur cœur, ils décident de redescendre pour partager leurs difficultés et les aider.

Le soleil qui se lève marque le début d'une journée, et en ce début de journée, si vous avez des projets, vous êtes libre de les réaliser ou pas, ainsi que d'y apporter des modifications. Mais quand le soleil se couche, c'est-à-dire à la fin de la journée, ce qui est fait est fait, rien de plus et rien de moins.

Le coucher du soleil représente la fin de ce cycle qu'est une journée. Mais dans le langage symbolique, une journée n'est pas uniquement cette période de vingt-quatre heures que nous appelons ainsi ; cela peut représenter un mois, une année, une vie… ou même les neuf mois pendant lesquels une femme porte un enfant dans son sein. Tant qu'elle le porte, par ses pensées, ses sentiments, ses désirs, elle peut agir sur lui afin qu'il marche sur le chemin de la lumière. Puis, l'enfant naît, et ce que tous ici considèrent comme un commencement, est en réalité la fin d'un processus de condensation, de concrétisation, comparable en quelque sorte au coucher du soleil. Et là, d'une certaine façon, s'arrête le pouvoir de la mère.

La prière, la méditation peuvent vous apporter un apaisement mais aussi une extraordinaire sensation de plénitude. Pourquoi ? Apparemment, vous n'avez rien reçu et pourtant vous vous sentez comblé comme si vous vous étiez nourri, abreuvé, et si vous savez comment la conserver, cette sensation ne vous quittera pas.

Dans ce « restaurant » de l'âme et de l'esprit, ce n'est pas comme dans le plan physique où, chaque jour, vous êtes obligé de manger pour ne pas vous retrouver affamé et sans force. La nourriture que vous prenez dans les régions sublimes de l'âme et de l'esprit peut vous rassasier pendant des jours et des jours. Le monde divin contient des éléments d'une telle richesse, d'une telle lumière, que si vous arrivez au moins une fois seulement à les goûter, vous saurez ce que c'est de vivre dans l'éternité.

Notre époque est, paraît-il, celle du progrès. Du progrès technique, oui ; là, c'est vrai, on voit se réaliser des merveilles. Mais qu'est-ce que le progrès technique ? Une victoire sur la matière physique. Alors, que font les humains ? Tellement contents et fiers d'avoir réussi à fabriquer toutes sortes d'appareils et de produits qui leur facilitent la vie, ils ne se rendent pas compte qu'ils les utilisent pour alimenter leur nature inférieure : satisfaire leur égoïsme, leur paresse, leur sensualité, leur agressivité. Eh bien, ce n'est pas un progrès, mais une régression.

Essayez de vous analyser : observez comment vous utilisez tout ce que le progrès technique a mis à votre disposition, vous découvrirez que c'est rarement, très rarement pour votre évolution spirituelle et le bien des autres. Pourquoi ? Parce que, pour pouvoir utiliser bénéfiquement toutes les richesses que nous donne la matière physique, il faut avoir préalablement travaillé sur la matière psychique en soi-même. Le progrès technique ne sera un véritable progrès que si l'être humain l'accompagne d'un effort dans la voie de la spiritualité.

Qu'est-ce qu'on découvrirait si on pouvait pénétrer dans le cœur des hommes et des femmes ! Il y aurait de quoi rire… et certainement aussi de quoi pleurer. Mon Dieu, les désirs des humains ! Tout ce qui peut satisfaire leur égoïsme, leur vanité, leur sensualité, leur besoin de possession, de domination, ils ne voient rien au-delà… Et vous, que désirez-vous ? Étudiez ce que vous demandez vraiment, et sans doute serez-vous étonné vous-même de la petitesse de votre idéal.

Combien viennent dans une École initiatique dans l'espoir que toutes leurs difficultés vont disparaître comme par enchantement et qu'ils deviendront riches, influents, puissants, glorieux, etc. Eh non, avec de telles illusions ils ne peuvent rencontrer que des difficultés et des échecs, et même des difficultés et des échecs plus grands que s'ils n'avaient jamais mis les pieds dans l'École initiatique ; car on ne doit jamais utiliser les vérités qui y sont enseignées dans des buts personnels, égoïstes. Les seuls qui gagneront vraiment quelque chose sont ceux qui ont pour principal désir de s'exercer, de faire des efforts, de se perfectionner, d'aider les autres. Dans toutes les conditions de la vie ils trouveront les meilleures occasions pour leur avancement.

C'est une erreur de considérer le bien et le mal comme deux forces indépendantes qui ne cessent de s'affronter. La réalité, c'est que le bien et le mal sont deux courants attachés à une instance supérieure : Dieu. Le problème du bien et du mal ne pourra jamais être résolu dans le plan physique, car l'origine de ce qui unit ces forces contraires est en haut. Au niveau qui est le nôtre, nous ne pouvons voir que leur affrontement. Notre travail est donc de nous élever jusqu'à cette instance supérieure qui sait utiliser le bien et le mal dans un but qu'il ne leur est pas donné à eux de connaître.

Oui, le bien ne connaît pas tout… et le mal non plus, évidemment. Celui qui connaît tout est au-dessus du bien et du mal. C'est le Seigneur. Alors adressez-vous à Lui, et dites-Lui : « Seigneur, Toi qui as créé tant de choses si belles, si vastes et si profondes, Tu me vois perdu au milieu d'elles… Je n'arrive pas à y voir clair avec mon intelligence limitée. Envoie-moi tes Anges afin qu'ils me disent comment comprendre et comment agir. »

6 Février

Même si vous les avez oubliées, toutes les paroles de vérité que vous avez lues ou entendues remonteront un jour à votre conscience. Car ces paroles possèdent une force, la force que donne la lumière. À votre insu elles se sont gravées en vous, dans votre subconscient, où elles font leur chemin, et tôt ou tard, au moment où vous vous y attendrez le moins, à l'occasion d'une rencontre, d'un événement, vous ne pourrez pas leur échapper.

Vous direz : « Mais alors, la vérité ne nous laisse jamais en paix ! » Cela dépend de ce que vous appelez la paix. Si vous appelez « paix » la possibilité de donner, sans discernement, libre cours à vos pensées, vos sentiments, vos désirs, vos caprices, ne soyez pas étonné si quelques vérités que vous avez entendues auprès d'un sage, d'un Initié, viennent vous prévenir que vous êtes en train de vous égarer. Et ces vérités vont un peu vous piquer, vous mordre, vous tirer les cheveux : là, c'est vrai, elles ne vous laisseront pas tranquilles. Mais si vous les acceptez et prenez la bonne direction, quelle paix vous allez goûter !

L'enfant et même l'adolescent sont, pendant des années, le théâtre de bouleversements, de révolutions de toutes sortes, c'est pourquoi leur Moi divin ne peut pas encore s'épanouir. Mais avec le temps, ils se calment, s'assagissent, et toutes leurs qualités commencent à apparaître. Auparavant, c'était impossible, il n'y avait pas de bonnes conditions.

Regardez ce qui se passe dans la nature avec la végétation : il arrive parfois qu'à cause d'une augmentation inhabituelle de la température, certaines plantes poussent prématurément. Si alors, par malheur, une tempête se déchaîne ou que la température baisse brusquement et qu'il gèle, ces plantes sont déracinées ou meurent de froid. Une plante ne peut pas vraiment s'épanouir tant que les conditions ne lui sont pas favorables. Eh bien, c'est ce qui se produit aussi avec l'être humain : tant qu'il est intérieurement exposé aux tempêtes ou à des températures extrêmes, il ne peut pas entendre la voix de la sagesse, la voix de son Moi supérieur. Il faut attendre que les passions s'apaisent, à ce moment-là toutes ses qualités auront des conditions pour se manifester.

Travaillez, faites des efforts. Ne vous imaginez pas qu'en se ménageant on se garde en meilleure santé, bien au contraire. La vie chez l'inactif s'amenuise d'elle-même. Semez de vieilles graines : elles ne germeront pas, car la vie s'est déjà échappée. Des graines, vous en avez aussi en vous, et de toutes sortes. Semez-les, sinon elles perdront toutes leurs vertus. Que sont ces graines ? Les connaissances que vous entassez dans votre grenier, votre tête, et que vous laissez moisir ou sécher dans l'immobilité, l'inactivité, l'inutilité.

Accumuler du savoir, c'est bien, mais à condition de le semer, c'est-à-dire de le mettre en pratique pour le faire croître et fructifier. Et on ne le fait croître et fructifier qu'en le mettant à l'épreuve de la vie. Il n'y a pas d'autre moyen d'avancer, de grandir, de se renforcer. Ceux qui fuient les difficultés pour éviter les fatigucs rencontreront d'autres difficultés plus grandes encore, et ils souffriront, car c'est leur vie même qu'ils laissent échapper.

Cette habitude que la plupart des gens ont prise d'aller se décharger sur les autres dès qu'ils se sentent tristes et malheureux, révèle une grande faiblesse. Combien d'entre vous, au moindre souci, à la moindre contrariété, se précipitent chez leurs parents, leurs amis, leurs voisins, ou bien prennent le téléphone pour raconter leurs malheurs ! Et voilà une vingtaine de personnes qui s'en trouvent aussitôt empoisonnées... Vous êtes-vous quelquefois demandé si les autres sont là pour recevoir vos fardeaux ? Vous êtes-vous demandé s'ils en sont seulement capables ?... Si vous voulez vraiment évoluer, abandonnez cette habitude et apprenez à ne plus les surcharger.

Quand vous avez des soucis, des chagrins, cherchez comment neutraliser ces états. Demandez-vous : « Voyons, que puis-je faire pour devenir plus fort, plus noble, me comporter en véritable enfant de Dieu sur qui le Ciel peut compter pour son travail ? » Si vous ne voulez pas faire d'efforts, si vous voulez rester faible, eh bien, gardez vos vieilles pratiques avec les conséquences qui s'ensuivront ! Mais sachez que dans un Enseignement initiatique on vous indique le chemin pour devenir fort, lumineux, et être aussi capable d'aider les autres.

Quel est l'idéal des gens ? Avoir une famille, un métier, une voiture et une maison avec toutes les commodités ; ça leur suffit, ils sont satisfaits de cette vie médiocre. De temps en temps, bien sûr, ils lisent quelques livres, écoutent quelques disques, vont au spectacle, voyagent… Et c'est tout, ils n'ajoutent à leur existence rien de plus élevé, de plus puissant : ils stagnent.

Quand les humains prendront-ils enfin conscience des dangers que représente pour eux cette vie au ralenti ? Toutes les maladies physiques et psychiques sont là qui les guettent, elles n'attendent que le moment pour venir s'insinuer en eux, les mordre, les ronger. Mais c'est triste, lamentable ! L'Intelligence cosmique n'a pas construit si merveilleusement l'être humain pour qu'il se laisse ainsi endormir et chloroformer. Elle l'a préparé pour qu'il puisse progresser sans cesse sur le chemin de l'évolution, en alimentant chaque jour en lui un courant de vie qui élimine toutes les moisissures et les putréfactions physiques et psychiques.

Vous connaissez cet épisode de la *Genèse :* Joseph, fils de Jacob, vendu par ses frères à des marchands qui allaient en Égypte. Après toutes sortes d'aventures, il fut convoqué un jour par le pharaon qui lui demanda d'interpréter un songe : il avait vu sept vaches grasses dévorées par sept vaches maigres, puis sept beaux épis engloutis par sept épis vides et secs. Alors, Joseph dit : « Cela signifie qu'il va venir sept années prospères pour le royaume d'Égypte ; mais elles seront suivies de sept années de stérilité et de famine. Je conseille donc de faire préparer des greniers pour y entasser une partie des récoltes amassées pendant les sept années d'abondance. Ainsi, quand viendra la disette, l'Égypte aura de quoi subsister. » Ce que Joseph avait prédit se réalisa et grâce à sa clairvoyance le pays échappa à la famine.

Dans notre vie psychique aussi, de pareilles alternances se répètent sans cesse : quelques jours fertiles, puis quelques jours stériles, de nouveau quelques jours fertiles… Quand viendra la période stérile, celui qui n'a pris aucune précaution sera dans la misère, tandis que celui qui aura entassé des réserves ne souffrira pas des privations. Il faut toujours être prévoyant et garder certaines ressources pour les jours de pénurie qui peuvent venir. Il ne suffit pas de savoir cela pour le plan physique, on doit en tenir compte aussi dans le plan spirituel.

Vous avez vécu un moment de grande intensité spirituelle, vous avez enfin goûté la paix, l'amour, la lumière… Faites tout ce que vous pouvez pour conserver cet état, ne vous laissez pas aller à des activités et des préoccupations prosaïques. Pour justifier leur négligence, certains diront que ces moments de grâce qu'ils ont vécus n'étaient peut-être que le fruit de leur imagination. Et voilà : le Ciel les a éclairés, fortifiés, et ils se demandent s'ils n'ont pas été le jouet d'une illusion ! Mais qu'ils se sentent faibles, accablés, tourmentés, là, pour eux c'est la réalité. L'ignorance et l'ingratitude des humains, ne m'en parlez pas !

Tous les moments rares où il vous est donné de recevoir des courants d'énergie pure qui vous soutiendront toute votre vie, efforcez-vous de les retenir, de les approfondir. Ce ne sont pas les efforts qui vous fatiguent ; ce qui vous fatigue, c'est la tendance à ouvrir votre intellect et votre cœur à des pensées et des sentiments obscurs, pesants. Comment ne pas être fatigué quand on est à soi-même son propre fardeau ?

13 Février

Vous voulez aider, soutenir votre famille, vos amis ? Efforcez-vous de vous élever jusqu'au monde divin pour y recueillir la paix, la lumière, et revenez ensuite pour les leur distribuer. Que peut apporter un homme faible, pauvre et ignorant ? Même en y mettant tout son bon cœur, il ne fait souvent qu'aggraver les choses. Le seul moyen d'aider les autres, de les sauver, c'est de retourner chaque jour en haut dans notre Patrie céleste que nous avons quittée pour un temps, et là, amasser les trésors que nous leur rapporterons. Sinon, de quelle nature sera cette aide ?

Vous avez certainement fait vous-même cette constatation. Oui, n'y a-t-il pas des personnes à qui vous préférez ne jamais parler de vos soucis, parce que vous savez que, sous prétexte de vous venir en aide, elles ne feront que tout compliquer ? Alors, si vous ne voulez pas être de ces personnes à qui on évite de se confier pour ne pas s'attirer de nouvelles difficultés, commencez par aller chercher dans le monde divin les lumières et les richesses, et vous pourrez ensuite en faire bénéficier les autres.

Vous voulez méditer ? Commencez par vous apaiser. N'essayez pas de vous concentrer tant que vous n'avez pas ramené le calme en vous, sinon vous donnez des chocs aux cellules de votre cerveau qui ne feront pas correctement leur travail. Comme tout ce qui existe, le cerveau possède une inertie naturelle et vous ne pouvez lui communiquer tout de suite le mouvement que vous souhaitez. N'oubliez jamais que les cellules de votre organisme, et donc de votre cerveau, sont des créatures vivantes que vous ne devez ni forcer ni bousculer.

Une fois que vous vous sentez détendu, apaisé, vous pouvez commencer à mobiliser vos cellules dans la direction que vous avez choisie. Mais là encore, il faut apprendre comment opérer. Lorsque vous mettez le moteur de votre voiture en marche, vous ne le poussez pas tout de suite à plus de 100 km à l'heure. Eh bien, avec votre cerveau vous devez aussi procéder par étapes successives, jusqu'au moment où vous sentez que vous avez mentalement la situation suffisamment en main pour vous concentrer sur le sujet choisi. Vous sentez alors que toutes vos cellules collaborent à votre travail. Vous leur avez donné une si bonne orientation que votre pensée continue naturellement dans cette direction.

Les créatures humaines que nous sommes ont reçu du Créateur la mission de transformer et de sublimer la matière de sa création. Les aliments que nous mangeons, l'air que nous respirons, toute la matière qui passe à travers nous, nous avons la tâche de travailler sur elle. Qu'est-ce que cela signifie ? Que nous devons nous efforcer de donner à tous nos actes une nouvelle dimension, une dimension spirituelle. Si nous y parvenons, nous sommes reconnus, appréciés, choisis par les esprits lumineux qui s'arrêtent près de nous parce que nous avons compris le sens de la vie.

Chaque fois que nous parvenons à nous dépasser, à nous surpasser, à créer quelque chose qui est plus que nous-même, nous imprimons sur la matière le sceau de l'esprit, et c'est ainsi que nous remplissons notre tâche de fils de Dieu.

Combien de personnes parlent d'amour mystique, alors qu'elles vivent dans la sensualité et le désordre des passions ! Et d'autres s'imaginent qu'elles se sont consacrées à un idéal spirituel, alors qu'en réalité elles ne servent que leur vanité, leur besoin de dominer les autres, etc. Vous direz : « Mais pourquoi ? C'est de l'hypocrisie ? » Non, il peut y avoir chez elles de réelles aspirations spirituelles. Seulement il ne suffit pas d'« aspirer » pour réaliser, celui qui n'est pas capable de comprendre les structures et les mécanismes du psychisme humain en général et de son propre psychisme en particulier, va au-devant des pires contradictions.

De même que dans le macrocosme, l'univers, la tête noire est représentée symboliquement comme le reflet dans l'eau de la Tête blanche de Dieu, dans ce microcosme qu'est l'homme la nature inférieure est le reflet inversé de sa nature supérieure. L'étendue d'eau est représentée en lui par le diaphragme qui sépare, symboliquement, sa nature supérieure de sa nature inférieure. Et de même que la tête noire ne peut exister sans la Tête blanche, la nature supérieure et la nature inférieure en l'homme ne peuvent exister l'une sans l'autre. C'est à lui d'être lucide et d'apprendre comment faire servir sa nature inférieure à l'épanouissement de sa nature supérieure.

Par ignorance de ce qu'un Maître peut représenter pour eux, certains disciples ne trouvent pas quel comportement adopter vis-à-vis de lui. Ils l'empêchent donc de leur être utile autant qu'il le pourrait, autant qu'il le voudrait, et ils entravent ainsi leur propre avancement. C'est au disciple de découvrir ce que doivent être ses relations avec son Maître, comment le considérer et se conduire avec lui. Ce n'est pas au Maître de lui faire des recommandations à ce sujet.

Un vrai Maître se contente de donner son enseignement et il laisse ses disciples libres. Il ne leur dira jamais : vous devez me respecter, m'admirer, m'obéir… jamais. D'abord parce que c'est inutile : on n'impose jamais vraiment le respect, l'admiration ou l'obéissance. Ensuite, parce que le Maître n'en a pas besoin : il a d'autres sources de joie et de satisfaction. Ce sont les disciples qui, pour leur évolution, doivent trouver la meilleure attitude à avoir envers leur Maître, qu'il soit encore sur la terre ou dans l'autre monde.

Même s'ils reconnaissent qu'il est important d'avoir un idéal, la plupart des humains ont peur de devoir lui sacrifier quelque chose. C'est la peur qui les empêche de faire certains renoncements. Or, la peur naît de l'ignorance. Combien s'imaginent qu'un idéal spirituel les privera des joies et des plaisirs de la vie ! Non, au contraire, avoir un idéal spirituel, c'est aspirer à des joies plus grandes que celles dont on se contentait jusque-là.

Chez tous ceux qui mènent une vie ordinaire, prosaïque, les cinq sens s'atrophient. Le spiritualiste, au contraire, ressent les nuances et les subtilités des êtres et des choses. Non seulement il ne se prive d'aucune joie, mais il multiplie les plaisirs qu'il peut goûter et il en élève la qualité. Car toute la nature est prête à déverser ses trésors dans l'âme et dans l'esprit de celui qui ouvre son intelligence et son cœur.

La spiritualité ne consiste pas en de vagues aspirations. Le véritable spiritualiste commence par édifier dans son âme un autel pour le Seigneur, et il ne cesse jamais d'y entretenir une flamme. À cet autel, il doit monter chaque jour avec la conscience qu'il entre dans la présence divine, et alors là seulement il sait ce qu'il doit demander.

Tant que vous vous adressez au Seigneur pour qu'Il satisfasse vos désirs personnels, c'est que vous n'êtes pas encore entré dans sa présence. Le jour où vous entrez dans la présence du Seigneur, vous ne pouvez demander qu'une chose : qu'Il vous remplisse de sa lumière. Mais en réalité vous sentez que vous n'avez plus rien à demander : dès que vous entrez dans la présence du Seigneur, sa lumière vous envahit, et lorsque vous redescendez, cette lumière vous habite encore longtemps.

Comment la plupart des humains considèrent-ils les animaux et comment se conduisent-ils envers eux ? La façon dont ils exploitent certaines espèces est vraiment ignoble. Pour avoir leur chair, leur fourrure, leur cuir, leurs cornes ou quelque autre partie de leur corps, ils ne reculent devant aucune cruauté.

Mais cette cruauté envers les animaux, les humains sont condamnés à la payer très cher. En apparence les guerres n'ont que des causes politiques, économiques, etc. En réalité, elles sont aussi la conséquence de tous ces massacres d'animaux dont les humains se rendent coupables. La loi de justice, qui est implacable, les oblige à payer, de leur propre sang, celui qu'ils ont fait couler en tuant les animaux. Combien de millions de litres de sang répandus sur la terre crient vengeance vers le Ciel ! Et la vaporisation de ce sang attire une multitude de larves et d'entités inférieures du monde astral qui empoisonnent l'atmosphère de la terre et entretiennent les conflits. Les humains veulent la paix, soi-disant, mais tant qu'ils continueront à massacrer les animaux, ils auront la guerre. Voilà une vérité qu'on ne connaît pas et qu'on n'acceptera peut-être pas. Mais qu'on ne l'accepte pas ne changera rien : les humains seront traités comme ils auront traité les animaux.

Pourquoi le monde invisible ne nous prévient-il pas à l'avance des épreuves que nous aurons à traverser ?... La réponse, c'est que lorsque nous devons affronter une situation imprévue, nous sommes obligés de rentrer plus profondément en nous-mêmes et de faire de plus grands efforts.

Dans les Initiations de l'Antiquité, celui qui devait, par exemple, passer à travers le feu, franchissait en réalité un brasier artificiel, mais il ne le savait pas, il le croyait réel. S'il avait peur et reculait, c'est qu'il n'était pas digne de l'Initiation et on le renvoyait. Mais celui qui était hardi, audacieux, plein de foi, passait à travers le feu et découvrait ensuite qu'il n'était qu'une illusion. D'une certaine façon on peut dire que beaucoup d'épreuves de la vie sont plus imaginaires que réelles. Au moment où nous devons les traverser, nous pensons : « C'est affreux, je vais souffrir atrocement. » Mais si nous avons su les vivre correctement, nous sommes obligés de reconnaître que ce n'était pas si terrible.

22 Février

Ne vous plaignez jamais d'être abandonné par le Ciel, car chaque jour le Ciel vous parle, il vous envoie des messages, il vous donne des réponses. Alors, pourquoi ne les recevez-vous pas ? Parce qu'ils arrivent d'un espace dont la matière est extrêmement subtile et pour vous atteindre ils doivent traverser toutes les couches opaques que vous avez accumulées autour de vous ; ils subissent donc des déformations. Comme un bâton que vous plongez dans un récipient d'eau aux parois transparentes : regardez, à l'endroit précis où il pénètre dans l'eau, il semble brisé. Ce qui s'explique par le fait que l'air et l'eau qui sont de densité différente, n'ont pas le même indice de réfraction.

Il en est de même dans le plan psychique : plus les courants du monde spirituel doivent descendre dans une matière dense, plus ils subissent de déformations. Pour les recevoir dans leur vérité, il faut pouvoir s'élever par la pensée jusqu'au monde subtil où ils ont leur origine. Un cerveau épais ne peut pas recevoir les messages du Ciel, ou plus exactement il les reçoit déformés : c'est lui qui les déforme. Faites donc des efforts pour vous purifier, vous dépouiller, vous ennoblir : alors seulement, vous recevrez du Ciel des réponses claires, limpides, véridiques.

Chaque existence est comme un cercle que l'être humain décrit autour d'un centre. Suivant son degré d'évolution ce centre est soit lui-même, soit sa famille, soit la société, soit le Seigneur. Tourner autour de soi-même est la pire des conditions : le cercle que l'on décrit ainsi est extrêmement resserré et il se rétrécit chaque jour davantage. Tourner autour de sa famille ou de la société représente des possibilités de développement plus favorables, mais ce ne sont pas encore les meilleures. Car même si le cercle décrit est beaucoup plus vaste, ne rien voir au-delà de la famille ou de la société est une limite à la bonne compréhension des choses.

Les meilleures conditions sont réalisées quand l'homme a pour centre Dieu et qu'il tourne autour de Lui. Peu à peu, les liens grossiers qui l'attachent à la terre s'affinent, se dénouent et il a une vision des problèmes de plus en plus universelle, cosmique, dont sa famille et la société peuvent bénéficier. Et lui-même aussi, bien sûr.

Essayez de mieux harmoniser votre vie avec votre idéal spirituel en consacrant davantage de temps à la prière, à la méditation. Mais soyez patient : si après une semaine, dix jours, vous ne constatez pas de grands changements en vous, ne vous plaignez pas d'avoir perdu votre temps, car ce serait la preuve que vous ignorez les lois du travail spirituel. Ayez seulement l'humilité de reconnaître que vous n'aviez jamais encore réellement entrepris ce travail : vous avez laissé votre matière psychique devenir tellement opaque qu'elle oppose maintenant une très grande résistance, et pour la changer, la rendre sensible, il va falloir beaucoup de temps. Si vous vous étiez déjà exercé à méditer, votre matière serait à présent beaucoup plus souple, malléable et facile à éduquer ; cette préparation aurait facilité le travail de l'esprit en vous.

L'esprit est la plus grande puissance qui existe, seulement il faut savoir dans quelles conditions. Alors, maintenant, ne perdez pas un temps précieux en doutes et tergiversations : commencez dès aujourd'hui le travail spirituel.

Les Évangiles rapportent qu'un jour où Jésus marchait sur un chemin avec ses disciples, il eut faim. De loin, il aperçut un figuier... En s'approchant, il vit que l'arbre n'avait que des feuilles, car ce n'était pas encore la saison des figues. Mais, irrité, Jésus maudit cet arbre qui, à l'instant même, se dessécha. Évidemment, si on prend ce récit à la lettre il y a de quoi être troublé : puisque ce n'était pas la saison des figues, pourquoi Jésus s'en prend-il ainsi à cet arbre ?

Pour interpréter correctement cet épisode, il faut comprendre qu'à travers ce figuier, Jésus s'adresse à une catégorie d'hommes dont l'intellect et le cœur sont improductifs. Pour l'être humain il n'y a pas de périodes, pas de saisons ; à n'importe quel moment il doit être capable de donner des fruits, c'est-à-dire des pensées lumineuses et des sentiments chaleureux. Car le Seigneur peut venir à tout moment, Il n'attend pas telle ou telle période et Il ne s'annonce pas à l'avance. Au moment où Il vient, que ce soit l'été ou l'hiver, le jour ou la nuit, cet arbre qu'est l'homme doit pouvoir donner des fruits, sinon l'Esprit l'abandonne, et cet abandon est une malédiction pour lui : il se dessèche et meurt. C'est pourquoi il doit travailler pour être toujours capable de produire des fruits.

L'être humain ne s'exprime pas seulement par la parole. Pour celui qui sait les interpréter, les mouvements du visage et du corps sont un langage clair, éloquent, puissant. On peut les comparer à des messages qu'il ne cesse d'adresser aux habitants des mondes visibles et invisibles, à des signes secrets grâce auxquels il entre en contact avec eux.

La parole est un langage qu'il est possible de maîtriser : vous pouvez décider de parler ou de ne pas parler, et si vous parlez, vous pouvez cacher vos véritables pensées et vos véritables sentiments. Mais tous ces gestes que vous faites inconsciemment avec les mains ou les pieds, les différentes positions du corps, les mouvements imperceptibles des différentes parties du visage (le front, les yeux, le nez, la bouche) sont presque incontrôlables. C'est par eux que vous exprimez la vérité de votre être. Et suivant que ces mouvements sont harmonieux ou non, les entités avec lesquelles vous entrez en relation ont sur vous des influences bénéfiques ou maléfiques. Alors, soyez vigilant, en sachant que le moindre de vos mouvements engage des êtres invisibles et que c'est avec eux que vous construisez votre avenir.

Combien de gens dits civilisés se contentent d'une vie qui n'est pas tellement différente de celle des animaux : se nourrir, dormir, s'abriter, se reproduire. Ils sont au service de leurs besoins physiques et, pour les satisfaire, ils mettent en œuvre toutes les facultés que le Créateur leur a données. D'autres, plus évolués, se mettent au service de l'art, de la science, de la philosophie… Mais s'ils pensent qu'il n'y a rien au-dessus, ils se trompent.

Devenir artiste, philosophe ou savant, la prédestination de l'être humain ne s'arrête pas là. La prédestination de l'être humain, c'est de développer des facultés bien supérieures encore qui le mettront en contact avec le Principe divin en lui. Lorsqu'il parviendra à établir ce contact, le Principe divin pénétrera ses facultés physiques, psychiques et spirituelles, et il deviendra véritablement créateur.

La recherche d'une moitié perdue, c'est ainsi que peut se résumer toute l'aventure des hommes et des femmes. Les hommes cherchent les femmes, et les femmes cherchent les hommes… Ils ne savent pas même pourquoi ils se cherchent, mais ils se cherchent, c'est instinctif, une voix leur dit que c'est ainsi qu'ils retrouveront leur unité originelle. De temps à autre, pour quelques instants, ils goûtent quelque chose d'un bonheur indescriptible, et puis arrivent les déceptions, les chagrins. Mais comme ils ne perdent jamais espoir, ils continuent à chercher…

Alors, pourquoi cela ? Pourquoi l'être humain n'arrive-t-il pas à réaliser ses aspirations les plus profondes ? Parce que ce n'est pas dans le plan physique que doit se faire d'abord cette union de l'homme et de la femme. Le plan physique ne doit être que l'aboutissement d'un travail qu'ils ont préalablement accompli dans les plans psychique et spirituel. Sinon, ils ne trouvent, au mieux, que des plaisirs et des jouissances éphémères. Si certains, très rares, sont parvenus à réaliser durablement cette unité en se fusionnant dans le plan physique, c'est parce qu'ils avaient fait, préalablement, tout un travail intérieur. L'être humain doit d'abord chercher à unir les deux principes en lui-même. Voilà la philosophie de l'androgyne, et c'est la plus haute philosophie qui existe.

Avoir la foi et adresser des prières au Seigneur est inutile si on n'a pas commencé à faire un travail en mettant au moins, comme le jardinier, une graine en terre. À celui qui se contente de dire : « Seigneur, je T'en prie, donne-moi l'amour, la sagesse, la force, la paix, la joie… » le Seigneur répondra : « Je veux bien, mais pour que je puisse t'exaucer, il faudrait que tu en aies au moins semé une graine. Tu ressembles à un jardinier qui demanderait au soleil et à la pluie de faire pousser des légumes et des fleurs, alors qu'il n'a rien semé ni planté. – Mais, Seigneur, on nous a enseigné que si nous T'invoquons… – Ceux qui t'ont enseigné, répondra le Seigneur, sont des ignorants, s'ils n'ont pas appris que les lois du monde psychique sont identiques aux lois du monde physique, et je ne peux pas modifier ces lois pour faire plaisir à des paresseux. Si tu veux que Je t'exauce, tu dois commencer par travailler. »

Voilà une petite conversation très intéressante que beaucoup pourraient avoir avec le Seigneur.

Vous avez à entreprendre un travail : tâchez d'abord de vous apaiser, et si c'est un travail manuel, concentrez votre attention sur le premier geste, faites-le lentement pour ne pas commettre d'erreur. Répétez-le ensuite plus rapidement, et répétez-le encore jusqu'à atteindre la vitesse voulue : vous verrez qu'il vous paraîtra de plus en plus facile tout en restant impeccable.

Pourquoi commettez-vous maintenant des erreurs dans différents domaines ? Parce que, dans le passé, sans vous en apercevoir, vous avez déjà tracé le sillon de ces erreurs. La première fois que vous avez exécuté tel geste, pris contact avec tel objet ou telle personne, vous l'avez fait sans attention, sans y attacher d'importance, et maintenant vous en subissez les conséquences : les fautes s'accumulent et s'aggravent au fil du temps. Il est très difficile de réparer dans le présent les erreurs gravées en nous dans le passé, il est plus facile d'apprendre à graver correctement de nouveaux sillons.

Pour ne pas tomber dans les pièges que la vie nous tend inévitablement à un moment ou à un autre, nous devons développer principalement deux qualités : le discernement et l'humilité. Le discernement est une qualité de l'intellect, et l'humilité une qualité du cœur.

Le discernement nous permet en toute circonstance de distinguer le vrai du faux, la réalité des apparences ; il nous indique la direction à suivre et les faux pas à éviter, il nous met à l'abri des erreurs et des illusions. Quant à l'humilité, qui est une qualité tellement négligée, méprisée même, on ne peut en mesurer la valeur que si on comprend combien son opposé, l'orgueil, est une attitude dangereuse. L'orgueil ferme l'homme au monde divin, il coupe les courants qui lui apportent l'eau vivante du Ciel. C'est pourquoi, en même temps que nous devons cultiver le discernement qui nous indique le chemin à suivre, nous devons aussi cultiver l'humilité qui nous ouvre aux courants du monde divin, car ces courants sont des viatiques pour avancer sur ce chemin.

Étant donné la nature du travail qu'il fait avec ses disciples, un Maître spirituel a besoin de savoir sur qui il peut compter. Et il ne peut compter que sur des êtres qui ont un profond besoin de se libérer, de vaincre leurs faiblesses. Pour les autres, il ne se fait pas d'illusions : bientôt ils le quitteront ou chercheront même à lui nuire. Mais puisqu'ils sont venus, il les accepte, il doit leur laisser une chance, il tâche de les aider, car il n'ignore pas combien l'existence de chacun est difficile : ils n'ont peut-être pas eu de bonnes conditions, de bons exemples. Mais la réalité est là et il sait à quoi il doit s'attendre.

Donc, quand une nouvelle personne se présente à lui, un Maître spirituel ne s'intéresse pas à son rang social, à ses diplômes, à sa fortune. Pour lui, l'important, c'est son idéal, le modèle auquel elle tâche de se conformer. Et c'est ce qu'il cherche à découvrir non seulement d'après ses paroles, mais aussi dans son regard, ses gestes et tout ce qui émane d'elle, car c'est par ces signes, parfois imperceptibles, qu'elle se révèle vraiment.

Pour comprendre comment les énergies psychiques circulent et travaillent dans l'homme, il faut observer comment les énergies circulent et travaillent dans la nature. Regardez un arbre : plus son tronc et ses branches s'élèvent, plus ses racines s'enfoncent profondément dans le sol. C'est un système de compensation, d'équilibre, que l'on retrouve dans tous les plans, physique, psychique et spirituel. Donc, plus l'homme tend à s'élever dans sa conscience, plus il descend dans son subconscient.

La grande erreur de ceux qui décident d'embrasser la vie spirituelle, c'est de négliger la réalité du monde obscur qu'ils portent en eux. Ils s'imaginent qu'il suffit de vouloir travailler pour la lumière, de vouloir être sages, justes, désintéressés pour y parvenir effectivement. Eh non, malheureusement, non. Chaque niveau de conscience représente des courants, des forces, des entités, et le spiritualiste doit veiller à tenir en équilibre ces deux mondes en lui.

5 Mars

Les humains ont une conception très simple de la vie : tout ce qui existe doit servir à leurs besoins. S'ils le peuvent, ils exploitent aussi d'autres créatures, et de toutes les manières possibles. Quant à la nature, elle n'est là que pour ça : être exploitée. S'ils pouvaient aussi asservir le Seigneur, ils n'en éprouveraient aucun scrupule. Parce qu'ils ne croient pas en Dieu, au moins les matérialistes et les athées, eux, Le laissent tranquille. Mais les croyants, que font-ils d'autre la plupart du temps que de Le harceler avec leurs exigences et de chercher à L'utiliser pour leurs entreprises les plus égoïstes ?

Quant à vous, comprenez que vous ne serez un véritable spiritualiste que lorsque vous vous mettrez au service du Seigneur. À ce moment-là, vous n'aurez même plus besoin de Lui demander quoi que ce soit. Pourquoi ? Parce que, à partir du moment où vous vous mettrez à son service, Il vous fera bénéficier de ses richesses, les vraies richesses, celles qui ne s'altèrent jamais et que rien ni personne ne peut vous prendre.

Combien de gens disent qu'ils cherchent la lumière ! Et on ne peut pas douter qu'ils soient sincères ; ils ont compris qu'il vaut mieux être éclairé que dans l'obscurité. Mais ils veulent une lumière qui n'exige pas d'efforts, aussi ne s'arrêtent-ils nulle part pour faire un travail en profondeur. Ils passent d'un livre à l'autre, d'un enseignement spirituel à l'autre, c'est cela qu'ils appellent chercher la lumière.

Et maintenant que de nouveaux mouvements spirituels ne cessent d'apparaître, que des « initiations » nouvelles s'ajoutent à celles du passé qu'on s'efforce de ressusciter, les uns et les autres n'ont pas fini de se promener. Eh oui, ils se promènent, ils flottent et ils passent toujours à côté de ce qui pourrait les aider. C'est ainsi que, tout en cherchant la lumière, arrivés à la fin de leur vie ils tâtonnent encore dans l'obscurité.

Le moment viendra où chacun devra, pour son évolution, chercher à connaître ses vies passées. Mais pas avant d'avoir acquis la maîtrise intérieure. Imaginez que l'on vous révèle que telle personne de votre entourage ou même un membre de votre famille a été, dans une autre incarnation, votre plus grand ennemi, qu'il vous a persécuté, massacré : comment réagirez-vous ? Comment allez-vous interpréter désormais son comportement ? Eh oui, si on rencontre dans cette vie telle ou telle personne, si on appartient à telle ou telle famille, c'est souvent qu'on a des problèmes à régler avec ces personnes ou avec les membres de cette famille. Et ceux à qui on révèle qu'ils ont été dans le passé des gens puissants ou glorieux, seront-ils assez raisonnables pour ne pas manifester des prétentions excessives ? S'ils ne savent pas contrôler leurs pensées et leurs sentiments, qu'est-ce que ça va donner ? Certaines révélations sont dangereuses, car elles risquent de troubler les êtres, d'éveiller en eux des désirs de vengeance ou des ambitions qui entraveront leur évolution. Quant à ceux qui prétendent faire aux autres des révélations sur leurs réincarnations, ils ne sont ni psychologues, ni pédagogues.

S'il était si important de connaître ses réincarnations, pourquoi la Providence les cache-t-elle maintenant aux humains ? Justement, parce qu'elle est prévoyante : elle les laisse dans l'ignorance pour qu'ils puissent mieux réparer leurs erreurs du passé.

Quelle réputation de science et de sagesse le roi Salomon avait acquise en son temps ! Et pourtant, que disait-il ? *« Beaucoup de sagesse, beaucoup de chagrin. Plus de savoir, plus de peine. »* Ce qui montre que la sagesse et le savoir ne rendent pas nécessairement heureux. En effet, la lumière qu'ils nous apportent commence par nous donner des soucis et des inquiétudes : elle fait apparaître ce que l'on préférerait souvent ne pas voir. Et même si le sage représente un idéal humain à atteindre, la sagesse ne suffit pas pour donner le bonheur. Le bonheur, c'est l'amour qui nous le donne, pas la sagesse.

Il faut donc aimer pour être heureux. Oui, mais aimer d'après la sagesse. Voilà pourquoi l'amour et la sagesse sont liés : la sagesse donne sa lumière à l'amour et l'amour donne sa chaleur à la sagesse… Parce qu'elle est froide, la sagesse ! Ainsi, l'amour et la sagesse s'entraident, et l'homme qui les possède vit dans cette plénitude qui s'appelle la vérité.

Faire le vide est une technique que certains enseignements spiritualistes conseillent à leurs adeptes. Ils prétendent qu'en libérant un espace en eux-mêmes, ils attireront une lumière, une présence qui viendra les combler. Non, c'est là une méthode dangereuse que nous ne préconisons pas. Faire le vide suppose qu'on soit passif, et dans cet état de passivité il n'est pas du tout sûr que ce soit la Divinité que l'on attire, mais plutôt des entités ténébreuses du monde invisible qui, voyant là une créature sans protection, se réjouissent de trouver une demeure où s'installer.

Celui qui s'abandonne au vide sans avoir mis préalablement en action le principe actif, afin de faire en lui-même un travail de nettoyage et de purification, est à la merci des pires entités. On fait le vide en s'imaginant que c'est le Saint-Esprit qui va venir… Quelqu'un viendra, oui, mais pas le Saint-Esprit ; ce sont des diables qui viendront. Le Saint-Esprit ne vient pas dans un taudis, mais dans une demeure purifiée et illuminée pour lui.

La lumière et les ténèbres, le bien et le mal… les humains sont continuellement soumis à cette dualité. Donc, quoi que vous fassiez, dites-vous qu'il y a toujours une force qui vous pousse dans une direction, et une autre qui guette et fait des calculs pour vous entraîner dans la direction opposée. Lorsque vous faites le bien, c'est qu'il vous a entraîné ; mais, de son côté, le mal veille, attendant le moment de vous égarer. Et sachez aussi que si vous voulez aller dans le bien plus loin qu'il n'est nécessaire, le mal va ronger le surplus, et parfois il avalera tout. C'est pourquoi, même dans le bien il ne faut pas dépasser la mesure, sinon on déclenche des forces contraires. Pourquoi dit-on parfois que « le mieux est l'ennemi du bien » ? Parce qu'en voulant pousser le bien plus qu'il n'était utile, on a provoqué le mal.

Mais ce qui doit vous encourager, c'est que, lorsque vous faites une faute, le bien veille aussi et cherche le moyen de vous sauver. Si vous êtes honnête, sincère, même les erreurs que vous commettez finiront un jour par compter comme des expériences qui auront contribué à votre enrichissement spirituel.

À chaque instant vous pouvez recevoir du monde invisible un avertissement, une nouvelle, un éclaircissement… Alors, soyez attentif, à l'écoute, afin de créer en vous une sorte de cellule photo-électrique qui vous avertira qu'une entité, un courant, est en train de passer. Et, tout de suite, cherchez à savoir quelle est sa nature.

Quand vous sentez qu'un courant lumineux vient vous effleurer, restez immobile jusqu'à ce qu'il ait pris possession de vous. Attendez qu'il pénètre profondément dans votre âme, et il vous accompagnera ensuite tout au long de la journée dans chacune de vos activités. Plus un courant est de nature spirituelle, plus il passe rapidement. Les courants divins traversent l'espace avec la rapidité de l'éclair. C'est pourquoi tâchez de tenir vos centres subtils en état de réagir immédiatement.

Un bon économiste ne doit pas se préoccuper seulement de la production et de la distribution des richesses ; il doit aussi être capable de prévoir. Oui, l'économie est la science de la prévision. Et prévoir, ce n'est pas se contenter de solutions qui sont peut-être bonnes pour le moment, car que va-t-il se passer plus tard ? Le jour où un pays s'aperçoit qu'il s'est engagé dans une voie qui devient dangereuse, il lui est très difficile de revenir en arrière. On en voit tellement d'exemples !

Vous direz : « Mais comment faire ? La plupart d'entre nous n'ont pas les moyens d'intervenir dans les affaires du pays. » Je ne dis pas que nous devons intervenir directement, mais comprendre que l'économie n'est pas uniquement l'affaire des économistes, c'est aussi notre affaire à nous tous. En tant qu'êtres humains, en tant que cellules d'un organisme vivant, nous pouvons agir, mais pour cela nous devons développer notre conscience et notre sens des responsabilités. Si cette prise de conscience ne se fait pas, l'économie, au lieu d'apporter la prospérité, comme elle le prétend, entraînera la ruine de nombreux pays.

Il faut maintenant que la religion cesse de prêcher que les souffrances et les malheurs des humains sont voulus par Dieu. La volonté de Dieu, c'est que les humains dépassent même les archanges en beauté et en lumière. Les aurait-Il créés à son image si ce n'était pas pour qu'ils s'approchent de sa perfection ?

Alors, si les humains restent pauvres, misérables, malheureux, c'est qu'ils oublient leur prédestination ; ils prennent des chemins détournés qui leur plaisent davantage, et ce n'est ni les autres, l'entourage, la société, ni les conditions extérieures, et encore moins le Seigneur qui en sont responsables, mais eux-mêmes. C'est pourquoi, quand vous vous trouvez dans une situation difficile, n'accusez personne d'autre que vous qui avez oublié votre prédestination divine.

S'il vous arrive, la nuit, d'être réveillé par un bruit (le téléphone qui sonne, un objet qui tombe, une fenêtre mal fermée qui tape, quelqu'un qui frappe à votre porte), vous ne vous précipitez pas comme ça, dans le noir, pour faire face à la situation. Instinctivement, la première chose que vous faites, c'est allumer la lumière pour y voir. Eh bien, ce comportement prudent, vous devez aussi l'avoir dans n'importe quelle circonstance de la vie.

Oui, dans n'importe quelle circonstance vous devez commencer par allumer la lumière. Et allumer la lumière signifie ne pas se précipiter pour agir, mais entrer en soi-même et demander l'aide du Ciel afin de trouver les meilleures solutions. Si vous n'avez pas cette lumière, vous irez à gauche, à droite, vous frapperez à toutes sortes de portes, vous essaierez toutes sortes de moyens, mais en vain. N'oubliez jamais que l'essentiel, c'est de savoir allumer la lumière en vous ; grâce à elle vous éviterez beaucoup de dégâts et de pertes de temps.

Efforcez-vous de donner la première place au Seigneur. Mettez-Le au-dessus de tous vos désirs, de tous vos intérêts personnels : vous sentirez beaucoup de transformations bénéfiques se produire en vous, et surtout vous deviendrez un monde organisé.

Donner la première place au Seigneur, Le mettre à la tête de son être, c'est trouver un point d'équilibre inébranlable. Quand on a solidement accroché un objet, on peut l'agiter dans tous les sens, il revient automatiquement à sa position d'équilibre, alors que s'il n'est pas solidement accroché, il tombe. Il en va de même pour nous, les humains. Tant que nous n'avons pas fortement établi notre point d'appui en Dieu, n'importe quel petit bouleversement survenant dans notre existence peut nous déséquilibrer. Mais le jour où nous apprenons à mettre tout notre amour, notre foi et notre espoir dans le Créateur, quoi qu'il nous arrive, nous restons solides et résistants.

Quand on demande à un médium de se projeter dans des régions très élevées du monde invisible pour répondre à des questions d'ordre spirituel, la plupart du temps il n'en est pas capable : sa clairvoyance se limite toujours plus ou moins aux régions du plan astral.* Eh bien, cette clairvoyance qui ne peut pas servir à l'élévation de l'être humain n'a aucun intérêt pour les Initiés. C'est pourquoi ils ne s'y arrêtent pas, et c'est même en fermant les yeux qu'ils traversent ces régions de l'astral.

Un véritable Initié ne cherche pas à développer des facultés médiumniques. Il travaille seulement à se purifier, à grandir dans la sagesse, l'amour et la maîtrise de soi, afin de pouvoir se projeter le plus haut possible en lui-même. Une fois qu'il a atteint ce sommet, la matière de son être est tellement épurée qu'elle s'imprègne de la quintessence même de l'Âme universelle. Cette quintessence sur laquelle tout s'enregistre lui donne la possibilité de voir et de sentir ce qu'il désire connaître. C'est ainsi que, grâce à ce travail, il acquiert non seulement la puissance, mais la clairvoyance aussi.

* Voir note et schéma, p. 376-377.

Des parents voient mourir leur enfant, et ils sont là, désespérés, effondrés, à se demander : « Mais pourquoi ?… » Quel réconfort pourront-ils trouver dans les paroles du prêtre ou du pasteur qui leur répondra que « c'est la volonté de Dieu » ? C'était la volonté de Dieu que leur enfant soit malade et meure ?… Est-ce Dieu qui a voulu qu'un soir, après avoir trop bu avec des copains, il se tue dans un accident de la route ?… Est-ce Dieu qui a voulu qu'il se drogue ou se suicide ?…

On peut comprendre que, dans leur détresse, des hommes et des femmes interrogent des religieux, mais aussi des médecins, des psychologues. Les réponses qu'ils recevront dépendent de la qualité de ceux qu'ils interrogent. Mais ce qu'ils doivent savoir, c'est que, dans les grandes épreuves, les vraies réponses sont en eux. Donc, tout en continuant à poser, s'ils en ont besoin, des questions à d'autres personnes, qu'ils s'efforcent de chercher en eux-mêmes, dans leur âme, dans leur esprit. Les seules réponses capables de les apaiser, ils ne les obtiendront qu'en interrogeant la Divinité qui vit en eux.

Chaque événement important que nous devons vivre est généralement précédé de signes annonciateurs. Seulement, comme nous ne connaissons pas le langage de la nature, nous ne savons pas lire les messages que nous apportent les quatre éléments, les plantes, les animaux, les humains, ou certains rêves. Tout événement est précédé de quelques indices, exactement comme ceux qu'à l'aide d'appareils la science arrive à détecter avant les tremblements de terre, les éruptions volcaniques, les cyclones, les raz-de-marée.

L'univers représente une unité, et il existe donc des liens, des communications entre tous les éléments qui le composent, exactement comme dans notre corps physique où l'état d'un organe a des répercussions sur tous les autres. C'est pourquoi, lorsqu'il se produit un événement quelque part dans le monde, les vibrations émises par cet événement se propagent à travers l'espace et sont perçues par certains êtres qui peuvent les capter et qui sont donc avertis les premiers. Et pour notrc vic intérieure aussi, nous recevons des avertissements.

Quand on sent la colère monter en soi, il faut chercher à lui donner une issue positive en la mettant immédiatement au travail : l'afflux d'énergies qu'elle produit peut toujours servir pour une activité physique ou psychique. Il n'est pas difficile de trouver quelque chose à faire chez soi ou ailleurs, car il y a tellement de petits travaux qu'on a l'habitude de négliger ! On peut mettre à profit cette énergie produite par la colère pour nettoyer ou ranger sa maison, désherber son jardin, etc., aider un parent, un ami, ou n'importe quelle autre personne qui en a besoin.

La colère est en nous une puissance qu'il ne s'agit pas de nier ou de combattre directement, ce n'est pas possible. Il faut l'utiliser, afin qu'elle devienne une force à notre service, sinon c'est elle qui nous dominera. Il dépend toujours de nous d'être faible ou fort.

En sortant de chez vous, le matin, pour assister au lever du soleil, pensez déjà que vous allez à la rencontre d'un être qui est vivant, comme est vivante toute la nature autour de vous : les oiseaux, les animaux, les arbres, les fleurs… Car la vie, c'est l'univers entier peuplé aussi d'une infinité de créatures invisibles mais réelles. Alors, adressez-leur un salut : dites-leur que vous leur êtes reconnaissant pour cette limpidité du matin et toutes ces existences qui sont en train de s'éveiller.

Dans cet organisme vivant et conscient qu'est la nature et auquel nous appartenons tous, sachez aussi qu'une multitude d'entités sont prêtes à contribuer à l'évolution de l'humanité. La terre, l'eau, l'air, le feu et les entités qui les habitent ont juré devant l'Éternel d'aider tous ceux qui travaillent à devenir des créatures de paix, d'harmonie et de beauté. Alors, demandez-leur de venir participer à l'avènement du Royaume de Dieu sur la terre : un jour, des milliards d'esprits se mettront en marche pour travailler sur les cœurs et les cerveaux humains, et le Ciel reconnaîtra en vous un constructeur de la nouvelle vie, une source, un fils, une fille de Dieu.

Quelle puissance représente la pensée, et combien de travaux vous pouvez réaliser grâce à elle ! Mais à une condition : qu'elle soit concentrée. Tant que vous la laissez flotter, se promener, vagabonder, vous ne pouvez évidemment rien faire avec elle. La concentration est une activité essentielle de la vie spirituelle et vous devez vous y exercer inlassablement pendant des années.

Des milliers d'exemples dans la vie révèlent l'efficacité de la concentration, et peut-être même vous est-il arrivé de vous amuser à concentrer les rayons du soleil avec une loupe pour enflammer un morceau de papier… Apprenez maintenant à transposer ce phénomène dans le plan psychique et vous comprendrez qu'une fois concentrée sur un point et maintenue suffisamment longtemps, la pensée peut « enflammer » des matériaux en vous, et vous vivrez alors dans la chaleur et la lumière.

Combien de terres sont devenues des déserts à cause du manque d'eau ! Mais aussi combien de déserts où l'on a pu amener de l'eau ont été transformés en terres fertiles ! L'eau, c'est la vie qui circule. Alors, si vous voulez vous-même devenir une terre fertile, laissez toujours couler l'eau, la vie. Et ne vous occupez pas de savoir quels seront les arbres qui vont pousser, fleurir et donner des fruits, ni quels oiseaux viendront chanter dans ces arbres.

Quelqu'un dira : « Mais moi je veux tout d'abord savoir quelle sera la place de cet arbre ou de cet oiseau, et sur quelle branche il ira chanter. » Oh là là ! s'il attend de connaître tous ces détails avant de se décider à laisser couler l'eau, des siècles passeront et aucune herbe ne poussera, aucun oiseau ne chantera. Laissez donc couler l'eau, vous verrez alors comment tout trouvera sa place, comment tout chantera, tout fleurira. Laisser couler l'eau, cela signifie ne jamais cesser d'aimer. Quoi qu'il vous arrive, ne fermez jamais votre cœur, car c'est alors le désert que vous laissez s'installer en vous. Les autres n'ont peut-être pas besoin de votre amour, mais vous, vous avez besoin d'aimer.

23 Mars

La musique n'est pas seulement une succession de sonorités agréables ; la musique, c'est des forces, des vibrations. Avec elle, on pénètre, en quelque sorte, dans le monde de la magie : on peut utiliser la puissance de ces vibrations sonores non seulement pour se projeter dans l'espace, mais aussi pour créer. La musique facilite le travail mental : au lieu de laisser la pensée partir à la dérive, il faut, au contraire, être conscient et la mobiliser afin de réaliser quelque chose de beau et de grand en soi-même et dans le monde.

Vous dites que vous éprouvez des difficultés pour méditer… Voici une méthode : concentrez-vous sur une image lumineuse, exaltante, et la musique vous entraînera très haut, vers un monde de lumière et de beauté. Vous la sentirez comme une force qui vous emporte. Apprenez à utiliser le pouvoir des sons.

Que connaissent les chrétiens de la signification des sacrements institués par l'Église ?... Prenons seulement l'Eucharistie et le mariage : ces deux sacrements célèbrent l'union du principe masculin et du principe féminin grâce auxquels la vie se perpétue du haut en bas de la création. La différence, c'est que le mariage concerne davantage le plan physique, la vie sociale, tandis que l'Eucharistie, la communion avec le corps et le sang du Christ représentés par le pain et le vin, concerne la vie spirituelle, la vie intérieure. Mais le symbolisme est le même, et c'est celui que l'on retrouve au début et à la fin de la mission de Jésus.

D'après l'Évangile de saint Jean, c'est à Cana en Galilée, où il avait été invité pour des noces, que Jésus fit le premier miracle : il changea l'eau en vin. Pour assister à des noces et faire là son premier miracle, il fallait donc que Jésus accorde beaucoup d'importance à cette cérémonie. Et l'institution de l'Eucharistie fut le dernier acte qu'il accomplit avant sa mort. Comment ne pas voir que l'essentiel de l'enseignement de Jésus repose sur la connaissance des deux principes ?

25 *Mars*

Depuis le commencement des temps, le Créateur a déposé en l'homme des graines de toutes sortes, c'est-à-dire des qualités, des vertus, des facultés, des dons. Si beaucoup de ces graines n'ont jusqu'à maintenant pas donné de fruits, c'est parce qu'aucun soleil ne les a encore chauffés et éclairés.

À tous ceux qui se demandent comment savoir si ces semences dont je vous parle sont quelque chose de réel, je répondrai : « Allez auprès du soleil, c'est lui qui les fait pousser et sortir au grand jour. À ce moment-là, vous verrez… » Mais ce soleil qui fait pousser les germes déposés en nous, c'est bien sûr le soleil spirituel, l'esprit. Le soleil physique est là pour nous montrer comment les phénomènes du plan physique ont leur correspondance dans le plan spirituel.

26 Mars

Les pensées et les sentiments sont des courants de forces. C'est pourquoi vous devez toujours veiller à la qualité de ce que vous acceptez dans votre tête et dans votre cœur ; cela doit être même une de vos préoccupations essentielles. Chaque jour tâchez de consacrer au moins quelques minutes à une activité qui vous lie aux régions de la lumière. Choisissez une occupation qui vous oblige à attirer et à garder les images les plus belles, les états de conscience les plus élevés, considérez-la comme le moment le plus important de votre journée, pensez que de ce moment dépendent votre avenir, votre salut.

Au début, peut-être, vous ne verrez pas les conséquences bénéfiques de ces activités. Mais continuez, elles vous apparaîtront un jour : peu à peu, vous vous sentirez habité par quelque chose de très grand, de très pur et, quoi qu'il vous arrive, cette présence en vous vous donnera la force, la paix et la joie.

27 *Mars*

Le jour où nous parviendrons à rejoindre notre Âme supérieure, il se produira le même phénomène que ce que l'on appelle en amour le coup de foudre : cet instant où deux êtres se rencontrent et où, dans une sorte d'éclair, leurs âmes se soudent.

Mais il ne suffit pas de vouloir rejoindre son Âme supérieure, il faut aussi y préparer son corps physique, et c'est tout un travail qu'il y a à faire sur soi-même, pendant des années, pour être capable de recevoir les vibrations du monde divin sans être terrassé. Car il y a des moments où on ne peut pas résister à tant de beauté, à tant de lumière, à tant d'amour. Il peut se produire des accidents comme cela arrive à ceux qui touchent involontairement un câble de haute tension : ils sont électrocutés, le cœur s'arrête. On ne sait pas ce que c'est que d'entrer soudain en contact avec la puissance de l'amour divin. Bien qu'il existe quelque part en l'homme quelque chose comme un transformateur électrique qui peut diminuer la tension, si on ne prend pas de précautions, on peut être foudroyé. Oui, il faut avoir des notions justes sur la nature des expériences spirituelles.

Pour durer, il faut savoir se renouveler constamment, c'est une loi universelle. Et si le christianisme est maintenant en train de perdre du terrain, c'est qu'il ne s'est pas renouvelé : depuis des siècles il s'accroche à de vieilles conceptions qui ne sont plus valables et qu'il devrait abandonner. Bien sûr, il n'est pas question de remplacer les principes sur lesquels il est fondé, il ne peut pas exister de meilleurs principes que ceux que l'on trouve dans les Évangiles. Mais à ces principes on a ajouté tellement de croyances erronées et de pratiques qui n'ont plus maintenant leur raison d'être !

Beaucoup ont aussi quitté la religion chrétienne au nom de la raison, car d'après eux les découvertes de la science étaient incompatibles avec l'enseignement des Évangiles. Eh bien, là encore, c'est une erreur ; pour celui qui sait les interpréter, les découvertes de la science ne font que souligner les vérités évangéliques. Et c'est aux Églises maintenant d'élargir leurs points de vue, afin de pouvoir montrer que jamais les vérités scientifiques ne pourront détruire les vérités de la foi chrétienne.

29 Mars

« Mon Père travaille, et moi aussi je travaille », disait Jésus. Comme Jésus, les Initiés, qui ont la conscience éveillée, participent chaque jour au travail de Dieu ; et vous aussi vous pouvez participer à ce travail. Vous direz : « Mais comment, nous, si ignorants, si faibles, pouvons-nous participer au travail de Dieu ?... »

Je vous donnerai une méthode. Restez tout d'abord un long moment dans le silence et l'immobilité, puis commencez à vous élever par la pensée... Imaginez que vous quittez peu à peu votre corps physique en sortant par cette ouverture qui se trouve au sommet du crâne. Continuez en imaginant que vous traversez vos corps causal, bouddhique et atmique*, que vous vous liez à l'Âme universelle, ce principe cosmique qui remplit l'espace, et que là vous participez à son travail dans tous les points de l'univers à la fois. Vous-même, vous ne savez peut-être pas clairement à ce moment-là ce que vous faites, mais votre esprit, lui, le sait.

* Voir note et schéma, p. 376-377.

30 Mars

Prendre et donner sont comme les deux plateaux d'une balance. Quand vous prenez, vous devez donner pour rétablir l'équilibre. Et même si vous ne prenez pas, vous devez aussi donner. Pourquoi ? Parce que de cette façon vous déclenchez un mouvement, et vous recevez quelque chose en retour. Mais commencez au moins par apprendre à donner lorsque vous avez pris, ce sera déjà un progrès. Révisez vos relations avec les êtres qui vous entourent, examinez très sincèrement comment vous vous comportez avec vos parents, vos enfants, vos amis, la société, mais aussi avec la nature, et enfin avec Dieu. Vous verrez que vous avez pris des quantités de choses aux créatures visibles et invisibles sans vous préoccuper de rendre quoi que ce soit. Donc, vous avez des dettes. Eh bien, sachez que c'est pour payer toutes ces dettes que l'on se réincarne.

Tous, sans exception, nous avons un karma à payer. Est-ce un karma individuel ou un karma collectif, peu importe. Il y a des karmas personnels ainsi que des karmas sociaux, nationaux, raciaux, mais il n'est pas tellement nécessaire de se poser la question : il faut payer ses dettes, c'est tout, parce que c'est la justice. Et quand vous entendez le mot « justice », tout votre être doit frémir à la pensée que ce mot contient les secrets de l'équilibre cosmique.

31 Mars

Les deux principes de l'esprit et de la matière paraissent se combattre, mais en réalité ils travaillent ensemble au service de la vie. Et tandis que, jour après jour, le principe de la matière se développe et étend son territoire dans l'homme, l'esprit, qui ne reste pas inactif, tente de lui montrer qu'il existe aussi des régions plus subtiles à visiter, des tâches plus grandioses à exécuter. Certains s'y refusent, ils s'obstinent à concentrer leurs efforts dans le plan physique.

Il ne faut pas négliger le corps physique et les conditions matérielles, mais il y a des limites à se fixer, car nous ne sommes sur la terre que pour un temps. Et il ne suffit pas de le savoir comme ça, théoriquement ; il faut que cette conscience du caractère éphémère de toute forme matérielle, et donc de notre corps physique, nous pousse à rechercher l'esprit qui abolit les formes pour en créer sans cesse de nouvelles. C'est là une des premières conditions de notre évolution.

1 Avril

Efforcez-vous de bien vivre aujourd'hui, et tout s'arrangera harmonieusement pour demain. Vous craignez, en vous occupant d'aujourd'hui, de perdre de vue vos objectifs lointains ? Soyez sans crainte. Quand vous marchez sur un chemin, vous ne gardez pas vos yeux fixés sur vos pieds sous prétexte de ne pas perdre la direction, et vous ne les fixez pas non plus continuellement au loin, car vous risqueriez de trébucher sur un obstacle ou de tomber dans un trou.

Cette méthode est aussi celle que vous devez appliquer dans votre vie spirituelle. Puisque vous savez marcher dans le plan physique, vous devez savoir aussi marcher dans le plan spirituel. Surveillez vos pieds, c'est-à-dire portez attention à tous les actes de la journée, c'est primordial ; et dirigez aussi le regard vers votre idéal, la perfection divine, afin de vérifier que vous n'avez pas dévié de la bonne voie.

2 *Avril*

Avez-vous quelquefois pensé au rôle que jouent les fils dans votre vie ? Depuis les installations électriques jusqu'au téléphone, aux appareils de radio, aux ordinateurs, etc., que de fils enchevêtrés !… Et que sont aussi les relations humaines ? Des fils que chacun tend entre lui et les autres, et qu'il lui arrive aussi de couper – ce qu'il doit faire avec discernement. Car s'il y a, en effet, certains fils qu'il est bon de tendre, il y en a d'autres qu'il est préférable de couper. Qu'est-ce que la liberté ? La capacité qu'a chaque être de savoir à qui et à quoi il doit se lier, et aussi de qui et de quoi il doit se couper. La force qui lie, c'est l'amour, et celle qui délie, c'est la sagesse.

Il y aurait tellement de découvertes à faire sur les fils ! Qu'est-ce qu'une baguette magique ? Une sorte de fil qui relie le monde d'en bas et le monde d'en haut. Et que sont les rayons du soleil ? Des fils que le soleil envoie chaque jour jusqu'à nous, des fils que nous devons saisir pour pouvoir nous élever jusqu'à lui.

Les humains ne conçoivent généralement l'amour que comme quelque chose qu'ils peuvent seulement se donner les uns aux autres. En réalité, l'amour est répandu partout dans l'univers, mais sous une forme tellement subtile, lumineuse, qu'ils ne le voient pas, qu'ils ne le sentent pas. Pourtant, ce que l'homme cherche auprès de la femme, et la femme auprès de l'homme, n'est en réalité que cet élément impalpable. Quand ils s'embrassent, qu'ont-ils reçu ? Ils n'ont rien enlevé l'un à l'autre pour le manger ou le boire. Tant qu'ils n'auront pas compris que ce qu'ils cherchent, ce n'est pas le corps, quelque chose à tenir, à toucher, à posséder, mais un élément spirituel, ils s'exposent à être déçus.

Cet élément spirituel que les hommes et les femmes n'ont pas encore appris à se donner, c'est cela l'amour divin. Cet amour que l'on peut absorber, respirer, est le seul qui ne laisse ni impureté, ni insatisfaction. Les Initiés qui ont tout sacrifié pour avoir cet amour, se sentent toujours heureux, comblés, dans la plénitude : parce qu'ils boivent à la source de l'amour divin.

4 Avril

Vous vous laissez aller aux émotions, aux effervescences, aux passions, vous trouvez cela naturel. En effet, c'est peut-être naturel, mais est-ce que vous pensez à l'état dans lequel sera votre cerveau quand vous aurez besoin de réfléchir pour résoudre des problèmes importants et pour comprendre les vérités essentielles de la vie ? Non, et voilà une conduite très néfaste pour votre évolution.

Pour que votre cerveau soit toujours résistant et disponible, vous devez être attentif, prudent, économe, mesuré dans toutes vos activités ; sinon, alors même qu'on viendrait vous révéler tous les plus grands mystères, vous ne comprendrez rien, vous n'entendrez rien, vous ne verrez rien. Et c'est dommage, très dommage. Alors, tâchez de ne pas gaspiller votre temps et vos énergies dans des préoccupations qui vous affaiblissent ; c'est ainsi que vous serez éveillé et lucide au moment où se présenteront devant vous les vérités qui ouvrent le chemin de la lumière et de la libération.

5 Avril

Au cours du dernier repas qu'il partagea avec ses disciples, Jésus prit du pain, le bénit, le rompit et le leur donna en disant : *« Prenez, mangez, car ceci est mon corps. »* Puis il prit une coupe de vin, la bénit et la leur donna en disant : *« Prenez et buvez, car ceci est mon sang... Faites cela en mémoire de moi. »* Ce sont ces gestes et ces paroles que le prêtre répète au cours de la messe au moment de la communion. On ne peut comprendre ce qu'est réellement la messe que si on l'interprète comme une cérémonie magique. Et la communion est le moment le plus significatif de cette cérémonie, car le pain et le vin représentent les deux grands principes masculin et féminin qui sont à l'origine de la création.

Mais alors pourquoi, depuis des siècles, dans l'Église catholique les fidèles ne communient-ils qu'avec le pain, l'hostie, la chair du Christ, qui représente le principe masculin ? Le vin, le sang du Christ, le principe féminin est seulement réservé aux prêtres. Les fidèles ne sont donc nourris qu'avec un seul principe, le principe masculin ; le principe féminin manque. Or, du point de vue symbolique, la véritable communion exige la présence des deux principes.

Les chrétiens sont habitués à ne voir dans la croix que l'instrument du supplice de Jésus. Mais la vérité, c'est que la croix possède une signification beaucoup plus vaste. La croix, bien sûr, rappelle la mort de Jésus, mais ce n'est là qu'un aspect. La crucifixion de Jésus a été un moment de l'histoire, mais la croix elle-même est le symbole d'une réalité cosmique et elle doit donc être comprise plus largement. La ligne verticale représente le principe masculin, la ligne horizontale représente le principe féminin, et ces deux lignes ne sont pas séparées l'une de l'autre, elles se croisent justement, et en se croisant, elles s'unissent. La croix symbolise donc le travail que les deux principes masculin et féminin exécutent ensemble dans l'univers.

De la croix est issu un autre symbole : l'hexagramme ou sceau de Salomon qui est constitué de deux triangles entrelacés. En passant de la ligne droite au triangle, la croix s'est enrichie de nouvelles significations, mais c'est la même idée, c'est la même loi, c'est toujours le travail des deux principes.

Que sait-on de la coupe du Graal ? D'après la légende, elle aurait été taillée dans une émeraude tombée du front de Lucifer au moment où, s'étant révolté contre Dieu, il avait été précipité dans l'abîme. D'autres récits rapportent que c'est la coupe dont Jésus se serait servi le soir de la Cène ; puis, lorsqu'il fut crucifié, Joseph d'Arimathie y aurait recueilli son sang. Que ces récits soient véridiques ou légendaires, l'essentiel est de comprendre que la coupe du Graal est un symbole de l'être humain qui est parvenu à attirer et à fixer en lui l'Esprit divin. L'émeraude est de couleur verte, la couleur de Vénus, le principe féminin. Le sang est de couleur rouge, comme le rubis, la couleur de Mars, le principe masculin. La coupe du Graal est donc le symbole de l'union des deux principes masculin et féminin, Mars et Vénus, mais dans leur aspect le plus élevé où ils se confondent avec le Soleil (principe masculin) et la Lune (principe féminin).

L'idéal du disciple est de devenir lui-même cette coupe du saint Graal dans laquelle il recueillera le sang, l'amour du Christ. Pour cela il doit travailler sur sa propre matière, l'affiner, la rendre précieuse, afin qu'elle vibre en harmonie avec l'Esprit. Et alors l'Esprit descendra pour faire en lui sa demeure.

8 Avril

Un épisode des Évangiles rapporte que des sadducéens étaient venus interroger Jésus sur la résurrection des morts. Et Jésus leur répondit : *« À la résurrection des morts, les hommes ne prendront pas de femmes, ni les femmes de maris, mais ils seront comme les anges dans les cieux. »* Beaucoup en ont conclu que les anges sont asexués et que, dans l'autre monde, les hommes et les femmes deviennent des esprits eux aussi asexués. Non, quand on parle d'esprits, on parle d'êtres désincarnés, mais on ne peut pas dire qu'ils sont asexués, car ils sont polarisés en masculin et féminin. Dans toutes les régions de l'univers, depuis le monde physique jusqu'au Trône de Dieu, la polarisation existe, parce que sans la polarisation il ne peut pas y avoir de manifestation.

Les esprits sont donc polarisés en masculin et féminin, ils font sans arrêt des échanges d'amour, et de ces échanges jaillit la vie riche et abondante qui se propage à travers l'espace. Le fait qu'ils ne prennent ni mari ni femme ne signifie pas qu'ils ne font aucun échange. Au contraire, comme les rayons du soleil qui pénètrent toute la création, ils se pénètrent des purs rayons de leur amour et ils sont continuellement dans la beauté et dans la joie.

La pratique spirituelle nécessite que l'on commence par apaiser, apprivoiser et orienter toutes les tendances en soi, afin de n'avoir qu'un but : se perfectionner. Cela doit être très clair pour vous. Dès l'instant où toutes les particules de votre être s'accorderont avec ce diapason : l'idée de perfectionnement, elles vibreront en harmonie, et les expériences que vous ferez dans le monde invisible seront réellement bénéfiques. Sinon, la spiritualité deviendra pour vous une aventure risquée.

Il ne faut pas s'imaginer qu'on peut accéder au monde invisible en toute sécurité, car il est aussi le territoire d'innombrables créatures qui ne sont pas toutes lumineuses, bienveillantes et favorables aux humains. Or, c'est elles et non pas les anges, que l'on rencontre si on force ses portes avec des intentions qui ne sont ni pures ni désintéressées. C'est comme si on allait se promener dans la jungle : on est exposé aux attaques des animaux qui s'y trouvent, fauves, serpents, insectes venimeux, etc. Eh bien, c'est exactement ce qui arrive à celui qui veut s'aventurer dans le monde invisible avec d'autres intentions que celle de se perfectionner.

L'univers est un grand corps avec lequel nous devons apprendre à nous harmoniser, car dans cette harmonie tous les biens sont inclus : la santé, la joie, la lumière, l'inspiration. Celui qui travaille à réaliser une telle harmonie commence à sentir que tout son être vibre à l'unisson avec l'univers et il comprend ce que sont la vie, la création, l'amour… Mais pas avant. Avant, il lui est impossible de comprendre.

Intellectuellement, extérieurement, on peut toujours s'imaginer que l'on comprend quelque chose ; mais non, la compréhension, la vraie, ne se fait pas par quelques cellules du cerveau, elle se fait par tout le corps, même par les pieds, les bras, le ventre, le foie… Tout le corps, toutes les cellules doivent comprendre. La véritable compréhension est une sensation. Vous sentez, et à ce moment-là vous comprenez et vous savez : parce que vous avez goûté. Aucune compréhension intellectuelle ne peut se comparer à la sensation.

11 Avril

Quand vous vous sentez troublé, malheureux, au lieu de vous laisser accabler sans rien faire (parce que vous croyez toujours que vous ne pouvez rien faire !), essayez au contraire de réagir. Et réagissez tout de suite en vous liant au Ciel par la méditation, la prière. Dès que vous arrivez à améliorer votre état intérieur, c'est le monde entier qui vous apparaît transformé, parce que vous le voyez à travers d'autres « lunettes ».

Pourquoi, lorsqu'ils sont amoureux, les hommes et les femmes voient-ils le monde si beau ? Parce qu'en eux-mêmes tout est soudain devenu beau et poétique. On plaisante souvent sur les amoureux, alors qu'il faut au contraire les admirer et dire : « Oh ! qu'est-ce qu'on peut apprendre de ces deux-là !... » C'est l'hiver, il y a du brouillard, il pleut, mais, s'ils doivent se rencontrer, pour eux le soleil brille, les oiseaux chantent, les fleurs embaument, parce que le printemps est en eux. Vous direz qu'on nage là en pleine subjectivité... Oui, bien sûr, mais il faut savoir que c'est justement dans le monde subjectif que Dieu a caché toutes les puissances.

Il est difficile de s'améliorer, et quelquefois vous trouvez que les résultats ne répondent pas à vos efforts. Mais est-ce que vous employez bien les méthodes que je vous donne ? Ces méthodes sont nombreuses, mais aujourd'hui je me contenterai de vous en rappeler au moins une. Adressez-vous au Ciel, et dites-lui : « Maintenant, j'ai compris : il n'y a rien à faire avec ma nature inférieure. Elle est têtue, coriace, je n'arriverai jamais à la changer. Oui, après tant d'années perdues, j'ai enfin compris, ô Esprits célestes, que je ne tirerai rien d'elle : elle est limitée, aveugle, malfaisante. Alors voilà, pour la remplacer envoyez-moi les entités les plus pures, les plus parfaites. Que ces entités viennent habiter en moi, qu'elles me guident, m'instruisent et prennent la direction de toute ma vie, afin que j'arrive à réaliser vos desseins, même malgré moi. »

Voilà une des meilleures prières qui soient au monde et, si vous la faites chaque jour sincèrement, vous ne pourrez pas ne pas en sentir les bons résultats.

Combien de gens s'imaginent que si personne n'est là pour les observer ou les juger, ils sont libres de faire ce qu'ils veulent ! À l'abri de cette illusion, ils se permettent toutes sortes de transgressions et même de crimes. Eh bien, il est temps qu'ils connaissent la réalité. Cette réalité, c'est que nous ne sommes jamais seuls, nous sommes sans cesse observés, surveillés par le monde invisible qui enregistre nos pensées, nos sentiments, nos projets, nos actes, et tout notre avenir dépend du contenu de ces enregistrements. Être impeccable dans le monde visible, jusqu'à respecter scrupuleusement les passages piétons et les feux rouges, n'empêchera pas que l'on se trouve dans des difficultés, des souffrances, des tourments. Tout simplement parce qu'on a transgressé les lois divines.

N'oubliez jamais qu'il existe une commission devant laquelle tous doivent sans cesse se présenter pour rendre des comptes. Le jour où vous serez réellement parvenu à vaincre certaines faiblesses et à réaliser l'harmonie en vous-même, vous recevrez un diplôme. Ce diplôme sera collé sur votre visage, sur tout votre corps, et les créatures du monde invisible, qui le remarqueront, vous donneront leur estime et leur aide.

14 Avril

Dans le monde invisible les Maîtres spirituels forment une grande fraternité, ils travaillent tous en parfait accord. Chacun est heureux que vous aimiez et admiriez d'autres Maîtres, la jalousie leur est totalement étrangère. Rester fidèle à son Maître ne signifie pas qu'on refuse d'en rencontrer d'autres et de s'instruire auprès d'eux. Mais même s'il communie avec l'esprit d'autres grands êtres, le disciple reste lié à son Maître, il le garde précieusement en lui comme une lampe allumée.

Il a aussi existé de grands êtres qui n'ont pas même laissé une trace de leur passage sur la terre. Loin du bruit et des regards, ils ont fait par la pensée un immense travail dans des régions où les humains n'ont aucun accès. Nous leur devons énormément, car c'est grâce à ce travail poursuivi patiemment, dans le silence et le secret, que l'humanité continue à progresser. Nous devons admirer ces êtres-là et leur donner une grande place dans notre cœur et dans notre âme.

On peut comparer l'être humain à une banque. Et quelle est la fonction d'une banque ? Elle reçoit des capitaux qu'elle fait travailler. Une banque est d'autant plus prospère qu'elle peut réaliser des échanges avec un grand nombre de clients. Ces échanges supposent l'existence d'une collectivité et de relations avec cette collectivité ; une banque qui cesserait de faire des échanges irait très vite à la faillite…

De la même façon, les humains qui refusent de vivre en liaison avec la collectivité se privent de possibilités d'échanges, donc de « capitaux », et peu à peu ils perdent tout, même leurs propres richesses. Si les Initiés sont riches, c'est parce que, sachant que chaque être humain porte en lui des richesses qu'il doit découvrir et mettre en valeur, ils font des échanges spirituels avec le monde entier. Ces échanges leur apportent sans cesse de nouvelles idées, de nouveaux sentiments, de nouvelles sensations ; autant de moyens dont ils disposent pour accomplir leur tâche.

16 Avril

Les humains ne pensent pas que les troubles dont ils se rendent coupables auront des conséquences bien au-delà des actes que leurs mauvais instincts leur inspirent. Une guerre, par exemple, est déjà par elle-même quelque chose de terrible, mais ses conséquences ne se limitent pas aux ruines ou au nombre de cadavres laissés sur le sol. Les pensées et les sentiments de haine qui ont conduit à ces massacres continuent à alimenter dans l'espace des courants destructeurs. Ces courants empoisonnent l'atmosphère psychique et attisent d'autres foyers de guerre.

Alors, tâchez de prendre conscience que vos pensées, vos sentiments, vos actes ne produisent pas uniquement des conséquences à un moment donné, dans un lieu donné. Dans le monde invisible ils provoquent des forces, bénéfiques ou maléfiques, et on ne sait pas jusqu'où et jusqu'à quand ces forces agiront.

La maîtrise de soi est un apprentissage difficile. Mais vous pouvez commencer par des exercices très simples, comme d'apprendre à contrôler vos gestes pendant les repas. Sur la table il y a des plats, des assiettes, des bouteilles, des verres, des couteaux, etc. Efforcez-vous de les déplacer sans les heurter et vous verrez ensuite : tout le reste de la journée, cette harmonie va se refléter dans vos différentes activités.

Mais il ne suffit pas de s'appliquer à ne pas faire de bruit, apprenez aussi à concentrer votre attention sur la nourriture elle-même. Tâchez de laisser vos autres préoccupations de côté pour ne penser qu'à la nourriture, en vous émerveillant de tout ce que Dieu a mis en elle comme forces, énergies, vitalité… Quand vous aurez appris à manger dans cet état d'harmonie, vous serez capable d'assumer sans fatigue toutes vos tâches de la journée, et cela seulement parce que vous vous serez exercé pendant que vous étiez à table.

Quel que soit son objet d'étude, l'intellect, pour faire ses observations, doit l'immobiliser, et quelquefois même le tuer afin de le disséquer. Si la science renonce souvent à l'étude de ce qui est vivant pour ne se concentrer que sur ce qui est figé, mort, c'est parce que le vivant bouge, varie sans cesse et l'intellect ne peut pas le saisir. Il n'y a donc rien d'étonnant à ce que le monde spirituel et le monde divin, qui sont en perpétuel mouvement et animés des vibrations de la plus grande intensité, échappent à l'investigation des savants.

Pour être précis, « scientifiques », les chercheurs se sont arrêtés à l'observation de la matière physique, sans se rendre compte qu'ils allaient ainsi se limiter et limiter tous ceux qui subiraient leur influence et suivraient leur exemple. Eh bien, cet exemple est catastrophique, parce qu'il pousse les humains à ne s'arrêter que sur l'aspect le plus matériel, le plus superficiel des choses, au lieu de s'intéresser à tout ce qui est subtil, vivant, vibrant : le monde de l'esprit.

La science a découvert la circulation des ondes dans l'espace. Or, les pensées, les sentiments, les actes produisent aussi des ondes qui se propagent. Il en découle qu'il existe entre les humains une sorte de lien magnétique, et si vous vous acharnez à penser aux défauts des autres, à en discuter, et à nourrir de mauvais sentiments à leur égard, vous vous mettez à leur ressembler. Eh oui, quand on ne voit que le mauvais côté des êtres, non seulement on l'attire, mais on l'amplifie en soi-même.

Vous ne voulez pas voir apparaître chez vous tel trait de caractère, tel comportement qui vous déplaît chez les autres ? Ne vous attardez pas dessus, sinon le jour viendra où vous ferez comme eux, et même pire qu'eux. Pensez plutôt à leurs qualités, et un jour vous découvrirez que, là aussi, vous commencez à leur ressembler.

Les disciples d'une École initiatique qui cherchent à accéder au monde spirituel sans s'y être préparés par un travail préalable, se trouvent un jour sans défense devant cet être terrible que l'on appelle le Gardien du Seuil. En réalité, cet être-là n'est pas extérieur à eux, il est en chaque être humain, il est formé par l'accumulation de toutes ses tendances inférieures : les convoitises, la sensualité, l'agressivité, etc., et il lui barre le chemin, il ne le laisse pas pénétrer dans ces régions auxquelles il n'a pas encore le droit d'accéder.

Chacun doit un jour rencontrer le Gardien du Seuil et lui faire face. Il se trouve dans la neuvième séphira, *Iésod.** Il menace de sa face épouvantable l'adepte présomptueux qui cherche à s'aventurer dans des régions où on ne peut entrer qu'après avoir travaillé sur la pureté, la maîtrise, la force d'âme. Seul le disciple armé de connaissances et qui a réussi à dominer ses instincts inférieurs, arrive à vaincre le Gardien du Seuil. Un regard suffit : « Va-t-en ! » et il disparaît, libérant le chemin vers les hauteurs.

* Voir planche et note, p. 373-375.

21 Avril

Trouver un équilibre intérieur est difficile, mais il est encore plus difficile de le conserver, car la vie quotidienne ne cesse de présenter de nouvelles difficultés à affronter. Que ces difficultés soient personnelles ou collectives, chacun les ressent comme des chocs, des secousses, des tiraillements, et il se sent ballotté, bousculé, désorienté. Quoi qu'il fasse pour résister et garder l'équilibre, il ne peut y parvenir tant qu'il ne possède pas un bon système philosophique.

Un bon système philosophique révèle d'abord aux humains ce qu'ils sont, sur quelle matière ils ont à travailler et de quels instruments ils disposent pour ce travail. Il leur montre le chemin qu'ils ont à parcourir pour atteindre le sommet, le but divin. C'est vers ce but, ce sommet qu'ils doivent tendre, car c'est là seulement qu'ils seront libres et trouveront un abri. Oui, car pour être à l'abri, il faut qu'ils gardent en vue ce sommet divin, qu'ils se lient à lui, afin qu'au moment où les passions humaines, les leurs et celles des autres, se mettront à déferler, ils ne soient pas emportés. S'ils se sentent écrasés, désorientés, brisés même, c'est de leur faute : ils sont restés trop bas. On leur a montré un sentier qui conduit jusqu'au seul lieu où ils seront en sécurité, on leur a donné des échelles, alors pourquoi ne grimpent-ils pas ?

Notre âme est en liaison avec l'univers entier, elle vit et vibre en harmonie avec l'Âme cosmique, elle est en contact avec le monde d'en haut, c'est-à-dire le monde des idées, des archétypes, des lois, des forces. Lorsque nous méditons sur certaines vérités qui se situent très haut dans le plan causal*, un mouvement se produit en nous, quelque chose se déclenche, et à ce moment-là il peut apparaître une forme à notre conscience : une image ou un symbole géométrique.

C'est de cette façon que s'expliquent les visions, les intuitions, les rêves prémonitoires. Si c'était nous qui devions chercher la correspondance exacte entre ce que nous vivons et le monde des symboles, nous n'y parviendrions pas, car il y a des milliers et des milliers de symboles, d'images et de correspondances possibles. Seule l'intelligence de la nature connaît cette affinité entre les choses et présente à notre esprit la figure qui correspond absolument au sujet qui nous occupe.

* Voir note et schéma, p. 376-377.

Le véritable temple est celui que Dieu a créé, l'univers, et il est indestructible. Nous vivons tous dans ce temple, mais seuls y vivent réellement ceux qui ont une conscience éveillée.

Les entités dont le Créateur a peuplé l'univers sont autant de manifestations de sa présence. Même si nous ne les voyons pas, ces entités sont là pour nous aider à travers la terre, l'eau, l'air, le feu, la lumière du soleil. C'est grâce aux sacrifices de ces entités, grâce à leur amour, à leur désir de faire des échanges avec nous que nous sommes vivants, vivants physiquement, vivants psychiquement et vivants spirituellement. Nous devons donc apprendre comment entrer en contact avec elles, les respecter et être reconnaissants.

On ne voit en apparence qu'injustices sur la terre. Les uns ont tout : santé, beauté, richesses, talents, vertus, et d'autres très peu. Mais en réalité, rien de ce que les humains ont reçu à la naissance ne leur a été donné de façon arbitraire. Tout ce qu'ils possèdent aujourd'hui, ils ont travaillé dans leurs autres incarnations pour l'obtenir, et la Justice cosmique leur a distribué des dons équivalents à leurs efforts : la richesse matérielle, intellectuelle ou spirituelle.

Tout ce que nous possédons est la conséquence d'une vie d'efforts, mais cela ne nous est pas donné définitivement. Pour le conserver dans les prochaines incarnations, c'est à chacun de s'en servir raisonnablement et surtout d'en faire bénéficier les autres. Tous les dons que nous avons reçus à la naissance, nous devons les faire fructifier, et la meilleure façon de les faire fructifier, c'est de les utiliser non pas seulement pour nous, mais pour aider les autres en facilitant leur évolution.

C'est bien connu : la parole est une arme à double tranchant. Elle peut éclairer, aider, libérer, mais aussi asservir, blesser, massacrer. Combien de gens, après avoir démoli quelqu'un par leurs reproches et leurs récriminations, se montrent très satisfaits d'eux-mêmes et se justifient en disant : « Mais j'ai dit ça pour son bien. C'est ce qu'il avait besoin d'entendre. J'ai seulement été sincère. » En réalité, c'est eux surtout qui ont éprouvé le besoin d'exprimer leur irritation, leur mécontentement, et ils prennent le bien des autres et la sincérité comme prétextes.

Pourquoi est-ce seulement sous l'empire de la colère que certains se montrent soi-disant sincères ? Qu'ils s'analysent un peu ! Ils peuvent donner toutes les bonnes raisons qu'ils veulent : tant que le mobile n'est pas vraiment désintéressé, spirituel, les humains ne pourront jamais produire, par leurs paroles, des effets bénéfiques sur les autres.

En arithmétique, le 2 est la somme de 1 + 1. Mais, pour la Science initiatique, le 2 c'est le 1 qui, pour créer, s'est polarisé en positif et négatif. Mais les termes « positif » et « négatif » n'ont pas ici une signification morale (positif, ce qui est bon, et négatif, ce qui est mauvais) ; non, on doit les interpréter en se souvenant que ces termes appartiennent aussi au vocabulaire de la physique. Une prise électrique, par exemple, est polarisée en positif et négatif. Lorsqu'on transpose ces termes du plan physique au plan psychique, on applique le caractère positif, émissif, au principe masculin, et le caractère négatif, réceptif, au principe féminin.

Que ce soit dans la création ou chez les créatures, tous les aspects de la vie sont gouvernés par le nombre 2. Mais on ne peut comprendre le 2 qu'en gardant la conscience du 1. Il existe une réalité unique, mais le 1 se polarise et tout le reste découle de cette polarisation. L'essentiel, pour nous, est de comprendre la nature de ces deux pôles, et comment ils travaillent ensemble. Si leurs relations sont harmonieuses, on peut dire qu'il y a réellement polarisation : il se passe quelque chose d'analogue aux signes d'amitié que des personnes s'envoient de près ou de loin.

Les humains sont vivants, bien sûr, mais ils ne vivent pas : la plupart du temps on peut dire seulement qu'ils s'occupent. Ils ne se rendent pas compte que ces multiples activités dans lesquelles ils passent leurs journées leur font oublier de vivre.

Vivre, c'est respirer, se nourrir, se déplacer, dormir, faire des gestes, parler, etc. Mais qui est prêt à admettre qu'il y a dans ces activités quelque chose à apprendre et à quoi il n'avait jamais pensé ? Mais qui est prêt à se dire : « C'est vrai, je respire, je mange, je marche, je me sers de mes mains… mais comment ? Est-ce qu'il n'y a pas là quelque chose que je pourrais améliorer si j'étais plus conscient ? Car à chaque instant de la journée c'est la vie divine qui se manifeste à travers moi. »

D'où vient chez les humains cette fascination pour l'or ? C'est simple, l'or les attire parce qu'au plus profond d'eux-mêmes, dans leur subconscient, ils connaissent un secret. Ce secret, c'est que l'or est une condensation, une matérialisation de la lumière solaire, et que cette lumière contient toutes les richesses de la vie. Avant de chercher l'or il est plus important de chercher la lumière, car la lumière représente pour ainsi dire la tête, tandis que l'or représente la queue.

La lumière, c'est l'âme ; et l'or, c'est le corps. Si vous touchez le corps sans toucher l'âme, en réalité vous ne touchez rien. Si vous possédez le corps sans posséder l'âme, vous ne tenez qu'un cadavre. Et vous devez même comprendre que vouloir posséder l'or avant de posséder la lumière est dangereux. Vous savez ce qui arrive à celui qui prend un serpent par la queue : il se fait mordre. Il faut prendre le serpent par la tête, alors non seulement on sera en sécurité, mais la queue suivra la tête.

Il est naturel que vous cherchiez à améliorer les conditions de votre vie extérieure, mais avant tout efforcez-vous de connaître et d'accepter les vérités susceptibles d'améliorer votre vie intérieure. Quoi que vous obteniez extérieurement, vous vous sentirez toujours insatisfait, car on ne trouve la vraie satisfaction que dans les efforts que l'on fait soi-même, les efforts de volonté, d'intelligence, d'imagination. D'ailleurs, vous l'avez constaté : là où vous êtes arrivé à réaliser vous-même quelque chose, vous vous sentez comblé, tandis que tout ce que vous recevez sans rien faire, même l'argent, ne vous donne pas cette même satisfaction. Oui, vous l'avez constaté, vous en êtes conscient, mais vous continuez quand même à tout attendre de l'extérieur ; c'est pourquoi vous traînez toujours la sensation qu'il vous manque quelque chose.

Donc, quoi que vous possédiez, quoi que l'on vous donne, n'abandonnez jamais le travail intérieur. Jusqu'à la dernière minute, ne l'abandonnez pas.

Pourquoi l'Église s'est-elle acharnée, et pendant des siècles, à effrayer les chrétiens en les menaçant de la damnation éternelle ? C'est une croyance erronée. En réalité, il n'y a pas de damnation éternelle pour les humains. Il peut seulement, et encore c'est très rare, se produire ceci : lorsqu'un être se complaît véritablement dans le mal et s'obstine à travailler consciemment contre les projets de Dieu, contre la lumière, il se surcharge tellement, il s'obscurcit tellement qu'à la fin il se produit une séparation entre son âme humaine et son âme divine : l'âme divine, sous forme d'étincelle, le quitte pour retourner dans l'océan de la lumière originelle, et alors, privée de cette étincelle, l'âme humaine se désagrège et disparaît.

Ces cas, je le répète, se produisent très rarement. Quels que soient les péchés et les transgressions commis, il est toujours donné à l'âme humaine la possibilité de reconnaître ses fautes et de se purifier grâce à l'âme divine qui est liée à elle et qui cherche toujours à l'entraîner vers la lumière.

Même si vous avez bien mangé hier, cela ne vous nourrira pas aujourd'hui, et vous devez recommencer à manger. Aujourd'hui, vous devez faire à nouveau ce que vous avez fait hier, car hier c'était pour hier, et aujourd'hui il faut faire ce qui est pour aujourd'hui. Cette loi s'applique à tous les domaines.

Hier, vous avez médité, vous étiez dans un état extraordinaire d'inspiration, de dilatation, d'émerveillement, et vous pensiez que vous pourriez le conserver encore longtemps. Eh non, aujourd'hui il faut faire d'autres efforts pour être à nouveau inspiré, dilaté, émerveillé. Chaque jour il faut recommencer le travail. Pourquoi ? Parce que la vie est en perpétuel mouvement. Aujourd'hui, il faut s'occuper des nouvelles particules, des nouvelles forces, des nouvelles présences, pour les influencer, les orienter, les engager dans la même direction que la veille… Et demain il faudra encore s'atteler à ce même travail.

Parce qu'ils se sont habitués à travailler à la surface des choses, il est maintenant très difficile d'amener les humains à comprendre ce qu'est le travail de la pensée, et que dans ce travail se trouvent des possibilités inouïes qu'aucune autre activité ne pourra leur donner. Prenons une image : lorsqu'on extrait du minerai, combien de tonnes de minerai il faut arracher à la terre pour obtenir une certaine quantité de métal : or, argent, fer, cuivre ! Et le reste, c'est la gangue que l'on doit rejeter. De même, pour obtenir quelques litres d'essence de rose, il faut distiller plusieurs tonnes de pétales, et un seul litre de cette essence de rose vaut une fortune, tellement elle est précieuse…

Pourquoi je vous donne ces images ? Pour vous faire comprendre qu'en général les travaux des humains consistent à remuer des tonnes de gangue, la matière la plus grossière, tandis que la pensée permet d'en extraire la quintessence. Tant que vous ne saurez pas travailler avec la pensée pour maîtriser vos énergies et les diriger vers les régions supérieures, tout ce que vous pourrez obtenir ne ressemblera qu'à des wagons de minerai, et ils vous encombreront aussi longtemps que vous n'aurez pas appris à en extraire la quintessence.

Il existe des remèdes pour toutes les formes de maladies, mais à condition de bien connaître l'être humain, sa structure, les énergies qui circulent en lui et les relations qu'il entretient avec l'univers telles que la Science ésotérique les a étudiées depuis des milliers d'années. Trop de gens qui se disent spécialistes et qui prétendent s'occuper de l'être humain, le délivrer de ses maux, continuent à le voir comme une mécanique. Ils sont loin de se douter qu'il existe en lui des forces, des entités et des intelligences encore inconnues qui sont capables, sous certaines conditions, de fabriquer dans l'organisme des éléments qui n'y existaient pas.

Tous ces gens qui ignorent qu'au-delà du corps physique l'homme possède d'autres corps de nature subtile : les corps éthérique, astral, mental, causal, bouddhique, atmique,* qui ne savent pas très bien ce que sont l'intellect, le cœur et la volonté… et à plus forte raison l'âme et l'esprit, comment peuvent-ils s'imaginer qu'ils pourront le guérir ? C'est impossible. C'est impossible parce qu'ils s'y prennent mal, parce qu'ils ne veulent pas savoir ce qu'est réellement l'être humain.

* Voir note et schéma, p. 376-377.

4 Mai

Combien d'hommes et de femmes sont morts pour leur idéal et, apparemment, sans avoir atteint leur but. Mais leur exemple a nourri l'élan d'une multitude d'autres êtres, ils ont été comme une semence, un levain ; un jour, le but est atteint et encore mieux qu'ils ne l'espéraient. C'est pourquoi ceux qui remportent des succès doivent penser avec reconnaissance à tous les hommes et les femmes qui, avant eux, ont travaillé pour que ces succès soient possibles. Ces hommes et ces femmes ont fait des sacrifices, parfois même ils ont été des victimes, mais il se peut qu'ils reviennent dans une autre vie récolter le fruit de leur travail.

Les historiens ignorent ce qu'ont été les vies antérieures des personnages qu'ils étudient ; c'est pourquoi lorsqu'ils déclarent qu'un tel a réussi là où tel autre avait échoué, il arrive qu'ils se trompent : leurs succès comme leurs échecs sont déterminés par leurs incarnations antérieures.

Tant que vous n'avez pas consacré tout votre être intérieur à un idéal divin, vous ne pouvez pas être sûr de l'usage qui sera fait de vos énergies, de votre vie. Dans le monde invisible, combien d'esprits ténébreux sont là, prêts à les utiliser pour réaliser leurs mauvais desseins, et ce sera alors une double perte pour vous. D'abord, vous serez dépouillé de quelque chose de très précieux ; et ensuite les entités lumineuses renonceront à apporter leur aide et leurs bénédictions à des inconscients qui ne savent pas les apprécier : puisqu'ils laissent des créatures maléfiques s'en emparer, c'est bien qu'ils ne les apprécient pas.

Rien de ce que vous vivez ne reste sans conséquences, rien. Alors, aussi souvent que vous le pouvez, dites : « Ô entités célestes, je suis à votre disposition, utilisez mes capacités, utilisez mes forces, faites-moi participer avec vous au travail que vous accomplissez dans le monde. »

Les couleurs sont le résultat de la décomposition de la lumière par un prisme. C'est pourquoi, si vous voulez avoir une idée de ce que sont les couleurs véritables, prenez un prisme et orientez-le suivant la position du soleil.

Les couleurs agissent sur le cerveau et, par l'intermédiaire du cerveau, sur le corps tout entier. Alors, vous pouvez choisir une couleur et vous concentrer sur elle. Cherchez à la visualiser, puis imaginez que vous vous plongez en elle, que vous êtes traversé par elle… Du rouge au violet et du violet au rouge, on peut agir sur tous les centres, sur toutes les parties du corps, et il n'y a donc pas un seul organe qui ne soit pas touché par les sept rayons.

Si vous prenez l'habitude de vous concentrer sur les couleurs les plus pures, de vous imprégner de ces couleurs, vous sentirez un jour que vous entrez dans l'harmonie cosmique, que vous touchez les hiérarchies célestes, et chacune vous donnera ses vertus. Les exercices avec les couleurs et les vertus qui leur correspondent sont une clé de la vie spirituelle.

Les cellules de notre corps sont de petites âmes intelligentes. C'est tout un peuple que nous avons là, en nous, un peuple avec lequel nous pouvons entrer en relation et que nous avons la tâche d'éduquer. Est-ce que vous en êtes conscients ? Non, ou très rarement. C'est pourquoi vos cellules ne vous obéissent pas. Vous souhaiteriez améliorer l'état de votre foie, de votre estomac, de votre cœur, de votre cerveau, etc., mais vous ne pouvez pas : les cellules de tous ces organes ne vous obéissent pas, vous n'arrivez pas à vous imposer à elles, elles fonctionnent d'après leur volonté propre.

La Science initiatique, qui a étudié l'anatomie psychique de l'être humain et les règles qui président à son fonctionnement, nous enseigne que nous pouvons commander aux cellules de nos organes. Mais pour cela il faut d'abord accepter l'idée que ce sont des entités intelligentes, conscientes, et apprendre à entrer en communication avec elles.

Combien de gens seraient étonnés si on leur disait qu'à travers tout ce à quoi ils aspirent : l'amour, les richesses, la gloire, au fond, c'est Dieu qu'ils cherchent. Oui, parce qu'en réalité rien ni personne ne peut leur donner une vraie joie, un véritable émerveillement en dehors de Dieu. Sous une forme ou sous une autre, c'est toujours Lui qu'ils recherchent : ils veulent retourner vers la Source, retrouver cette vie du Paradis dans laquelle ils ont leur origine. Mais les pauvres, comme ils ne sont pas éclairés, ils passent par des chemins boueux où ils ne font que patauger et s'enliser.

Puisque Dieu a introduit une particule de sa quintessence dans chaque chose et dans chaque être, il est possible de Le trouver partout. Mais en se dispersant à droite et à gauche comme ils le font, la plupart des humains ne Le trouveront pas avant des milliards d'années. Pour commencer à Le trouver dès maintenant, nous devons Le chercher à travers la pureté, à travers la lumière.

Vous vous sentez faible, sans désir de quoi que ce soit… Ne restez pas sans rien faire. Pensez qu'à tout moment vous pouvez aller puiser des énergies dans le réservoir cosmique. Mais évidemment, le moment le plus favorable est le matin, au lever du soleil.

En regardant le soleil, concentrez-vous sur toutes les cellules de votre corps, jusqu'à ce qu'elles vibrent à l'unisson avec l'esprit solaire. Peu à peu vous sentirez que, là, non seulement l'énergie mais aussi le vrai savoir vous est donné, un savoir qui vous gardera toujours vivant. Une fois que vous aurez commencé à communiquer cette vibration puissante à vos cellules, ne vous laissez plus aller à la stagnation, efforcez-vous de maintenir le mouvement.

La plupart des humains tiennent à la vie, mais malgré cela, combien parmi eux ont l'impression d'avoir été jetés sur la terre comme dans un milieu qui leur est étranger ou même hostile ! Pourquoi ? Parce qu'ils ont perdu le véritable contact avec la nature.

De plus en plus de gens vivent dans les villes, et le progrès technique (dont on ne peut cependant pas nier qu'il soit une très bonne chose) les coupe de la nature. Un exemple seulement : que voient-ils du ciel étoilé dans une ville, la nuit, où les rues et les magasins sont tellement éclairés ?... Ainsi, peu à peu ils arrivent à ne plus sentir cette amitié, cette bienveillance de tout ce qui existe autour d'eux, non seulement les étoiles, mais le soleil, les pierres, les plantes, les animaux... Même quand ils se trouvent chez eux à l'abri, ils sont inquiets, angoissés. Même pendant leur sommeil ils se sentent menacés. C'est une impression subjective car, en réalité, rien ne les menace tellement ; mais intérieurement, quelque chose s'est effrité et ils ne se sentent plus protégés. Il faut donc qu'ils rétablissent intérieurement le contact avec la vie universelle, afin de comprendre son langage et de travailler en harmonie avec elle.

Il est préférable de bien se conduire, mais mal se conduire n'est pas encore le plus grave. Le plus grave est de ne pas en être conscient.

Celui qui est incapable de voir qu'il a mal agi finit par être pris dans des contradictions inextricables. Il rencontre des échecs, il est rejeté par les autres et il ne comprend pas pourquoi : il se croyait irréprochable, il était convaincu que les autres l'approuveraient, l'admireraient même. Il est troublé par ce qui lui arrive, il s'imagine que le monde entier se ligue contre lui, ce qui influence très négativement ses pensées et ses sentiments : il se révolte et dans cette révolte, il perd sa lumière, il perd son amour. Tout cela parce qu'il refuse d'admettre qu'il n'a pas réussi à mettre en accord ses actes avec son idéal.

Tout ce qui est autour de nous nous parle de la présence de Dieu. Mais pour combien de gens cela ne suffit pas : ils voudraient qu'Il vienne se présenter à eux en personne ! Et, là encore, il n'est même pas sûr que cela suffirait. Regardez : qu'y a-t-il de plus présent, de plus visible, de plus éclatant que le soleil ? Seulement, si on reste barricadé derrière des volets fermés, on ne saura même pas qu'il existe. Celui qui veut le voir, doit ouvrir au moins une fenêtre, car le soleil ne cherchera pas à s'imposer en traversant les murs et les volets.

De la même façon, pour découvrir la présence de Dieu, nous devons ouvrir en nous au moins une petite lucarne. Oui, c'est nous qui avons quelque chose à faire, ce n'est pas Dieu. Dieu fait déjà ce qu'Il doit faire : Il est là, c'est suffisant. À nous maintenant de chercher à atteindre ce degré de conscience supérieur qui nous révélera sa présence.

Nous avons tous une âme sœur, le plus souvent elle reste invisible, elle n'est pas incarnée, mais il arrive qu'elle emprunte pour un moment les traits d'une autre personne. Et, qu'il soit homme ou femme, l'âme sœur d'un disciple peut se manifester à lui à travers son Maître. Car un Maître spirituel est une âme collective : même s'il reste, bien sûr, un être individualisé, de nombreuses entités peuvent pénétrer en lui pour aider tous ceux qui attendent de lui la lumière et la révélation du sens de leur vie.

Cela doit donc être très clair pour les disciples : leur Maître ne peut être que le canal par lequel passe leur âme sœur, afin de leur donner un élan pour leur évolution. Ils n'auront de vrais échanges avec elle que s'ils savent aimer leur Maître d'un amour spirituel, sans chercher à l'attirer à eux.

Si les humains pensaient à protéger leur vie, à la conserver dans la plus grande pureté, ils auraient tellement plus de possibilités pour réaliser leurs aspirations ! Car c'est la vie illuminée, éclairée, qui est la source de toutes les richesses. Malheureusement, très peu connaissent cette vérité. La plupart gaspillent leur vie, et quand ils se retrouvent complètement épuisés, sans plus de goût et d'énergie pour entreprendre quoi que ce soit, ils ne comprennent pas, ils se plaignent. Au moins, qu'ils ne se plaignent pas et qu'ils reconnaissent : « Voilà, j'ai fait des expériences, je me rends compte maintenant que je me suis trompé, je comprends ce que j'aurais dû faire. À l'avenir je me conduirai plus intelligemment. »

Alors, vous qui recevez la lumière de cet Enseignement, soyez vigilants. Si vous avez besoin d'une science, la seule, la vraie, c'est bien celle-ci : comment préserver votre vie, en sachant que déjà seulement la qualité de vos pensées et de vos sentiments agit sur vos réserves d'énergies, sur la quintessence de votre être. C'est pourquoi la meilleure façon de préserver sa vie est de la mettre au service du Ciel.

Les diables et les ténèbres de l'enfer ne font en général pas tellement peur aux gens, mais de la lumière divine beaucoup ont la plus grande crainte. Et d'ailleurs c'est tout à fait compréhensible : ils sentent au fond d'eux-mêmes qu'ils ont encore besoin de se laisser aller aux instincts, aux passions, ils fuient cette lumière qui leur montrera que l'existence qu'ils mènent est médiocre, criminelle même… Ils ne veulent renoncer à aucune de leurs mauvaises habitudes et ils ne supportent pas ce qui peut leur révéler qu'elles sont, justement, mauvaises. Quand on ne veut faire aucun effort pour s'améliorer, on ferme les yeux, on se bouche les oreilles et on se persuade qu'on est très bien ainsi.

Tous ceux qui craignent la lumière ne savent pas très bien pourquoi, mais ils sentent instinctivement qu'il y a là quelque chose qui menace ce qu'ils croient être leur bonheur. Seuls ceux qui ont le désir sincère d'évoluer, de se transformer, cherchent cette lumière qui leur montrera tout ce qu'il y a à améliorer en eux et comment l'améliorer.

Les plus grandes joies, les joies spirituelles, n'ont pas tellement d'expression physique, car les émotions, les sensations les plus élevées sont souvent imperceptibles. Elles se vivent comme compréhension, comme plénitude, comme silence, et elles sont indestructibles. C'est de telles joies que parle Jésus quand il annonce à ses disciples : *« Je vous reverrai, et votre cœur se réjouira, et nul ne vous ravira votre joie. »*

« Je vous reverrai... » Jésus parlait évidemment d'une rencontre intérieure qui est une fusion avec le monde divin. Il faut étudier, prier, travailler très longtemps pour que cette fusion se réalise. Pourquoi Jésus projette-t-il cette rencontre dans le futur ? Pourquoi pas tout de suite ? Parce qu'une longue préparation est nécessaire ; mais une fois cette préparation terminée, c'est définitif, et c'est pourquoi il ajoute : *« Nul ne vous ravira votre joie. »* Jésus exprime encore cette idée sous une autre forme quand il dit : *« Si quelqu'un m'aime, il gardera ma parole et mon Père l'aimera ; nous viendrons en lui et nous ferons notre demeure chez lui. »*

C'est une erreur de penser que les spiritualistes doivent négliger ou fuir la matière. Au contraire, ils doivent assumer consciemment leurs activités terrestres aussi bien que n'importe quel matérialiste. La différence avec les matérialistes est dans le point de vue, et c'est ce point de vue qui doit les guider. L'esprit ne nie pas la matière, et la matière ne doit pas nier l'esprit, mais se soumettre à lui.

La nutrition est le meilleur exemple de ce que peut être notre travail. Lorsque nous mangeons, nous transformons la matière ; en l'assimilant à notre propre substance, nous la rendons plus subtile, nous lui communiquons quelque chose de ce que nous sommes. Et la qualité de ce que nous lui communiquons dépend des efforts que nous avons d'abord faits sur nous-mêmes, c'est-à-dire des efforts que l'esprit en nous a faits sur nos instincts, nos désirs, nos sentiments, nos pensées.

Bien que plantés dans le même sol et bénéficiant des mêmes conditions extérieures de température et d'humidité, ainsi que des mêmes soins, certains arbres produisent des fleurs aux couleurs chatoyantes, aux parfums exquis et aux fruits délicieux, tandis que d'autres ne donnent que des fleurs ternes, inodores, et des fruits immangeables. On peut faire les mêmes observations pour les humains. C'est pourquoi lorsqu'on prétend que c'est la famille, la société, les événements qui déterminent leur destinée, leurs succès ou leurs échecs, leur élévation ou leur chute, c'est en partie vrai, bien sûr, mais en partie seulement.

En réalité, ce que vivra chacun dépend avant tout de la nature de la « graine » ou du « noyau » qu'il représente, c'est-à-dire de sa façon de penser, de sentir les événements, de les assimiler et même de les transformer. Donc, si vous vous trouvez dans des conditions difficiles, au lieu de vouloir les changer ou d'en attendre de meilleures, c'est sur vous-même que vous devez travailler. Creusez profondément en vous et vous trouverez des éléments, des puissances, des vertus, grâce auxquelles vous donnerez les fruits les plus succulents.

Avez-vous remarqué combien des mains fines, jolies et parfumées peuvent parfois dégager quelque chose de lascif, de répugnant ? Tandis que d'autres mains, mal taillées, mal soignées semblent imprégnées de tout ce que la personne nourrit de bon dans sa tête et dans son cœur, au point qu'on a envie de les serrer, et même de les embrasser.

De nos jours encore subsiste la coutume de baiser la main droite des grands dignitaires de l'Église : évêques, cardinaux, papes. C'est, pense-t-on, pour leur marquer du respect. Oui, mais cette marque de respect est fondée sur la connaissance des puissances de la main. Ces êtres qui se sont consacrés à la vie spirituelle sont considérés comme les transmetteurs des bénédictions du Ciel. Je sais, vous direz que beaucoup ont bien d'autres préoccupations, mais pour l'instant la question n'est pas là. La question est de comprendre que les mains des êtres qui ont longtemps travaillé avec l'amour et la sagesse sont réellement en liaison avec les puissances cosmiques bénéfiques.

L'être humain est tellement obnubilé par son apparence extérieure d'homme ou de femme qu'il oublie qu'en haut, dans le plan divin, il possède les deux principes masculin et féminin. Mais il faut comprendre que ce « haut » n'est pas situé à des années-lumière. En haut, c'est aussi en lui, sa partie supérieure.

L'Initiation est un processus psychique au terme duquel l'être humain est capable de se fusionner avec la partie complémentaire de son être. C'est pourquoi il n'éprouve plus aucun manque, il ne se sent plus jamais seul. Ce ne sont pas les liens charnels qui font qu'un homme ou une femme se sente moins seul. Combien vous le diront ! Ils ont multiplié les rencontres et les expériences, mais intérieurement c'est toujours la solitude, le désert. Oui, parce que c'est d'abord en soi, dans le plan psychique, dans le plan spirituel, que certaines rencontres doivent se faire. On ne trouve en bas que ce que l'on a d'abord réalisé en haut.

Comme la plupart des gens, vous avez tendance à trouver que les autres ne sont pas suffisamment attentifs envers vous. Mais vous-même, n'êtes-vous pas négligent ? Est-ce que vous donnez votre attention à chaque être, à chaque chose ? Même une fleur, quand vous devez la planter ou l'arroser, montrez-lui de l'attention. Vous direz que, pour elle, que vous soyez attentif ou pas, cela ne change rien, car elle ne sent rien. Eh bien, justement, vous vous trompez… Et puis, ce n'est pas tellement pour elle que vous devez agir ainsi, mais pour vous-même, car c'est vous qui gagnez une vertu, une qualité. Vous faites un geste d'attention, de respect, d'amour, et ce geste se reflète sur vous.

Appliquez-vous pendant des années à toutes ces petites choses, un jour vous en sentirez les bénéfices. Ne cherchez pas ailleurs et loin ce qui est là tout près. Jamais vous ne trouverez la solution de vos problèmes en dehors des activités de la vie quotidienne, et si vous les négligez, ce sont les épreuves qui vous instruiront jusqu'à ce que vous compreniez cette vérité.

Ce qui est fin, délicat, subtil, ne semble pas au premier abord pouvoir résister aux agressions. Mais regardez ce qui se passe dans les différents règnes de la nature. En apparence, les pierres sont les plus résistantes ; mais en réalité, les plantes savent mieux se défendre que les pierres, car elles sont vivantes, et les animaux mieux que les plantes car ils se déplacent. Quant aux humains, ils ont encore bien plus de moyens d'échapper aux conditions difficiles, mais comme ils n'ont pas appris à utiliser la pensée pour travailler sur leur propre matière pour l'affiner, la purifier, ils sont toujours à la merci des circonstances, ainsi que des forces et des entités du monde invisible.

Si vous montez très haut dans l'échelle des êtres, vous trouverez des créatures qui ont tellement purifié leur corps, tellement intensifié leur vie, qu'elles sont devenues insaisissables : on ne peut ni les capturer, ni les limiter. Et au-dessus de toutes ces créatures, il y a le Seigneur qui est absolument insaisissable, tellement insaisissable qu'on ne peut même pas Le concevoir.

La différence entre la vraie connaissance et les connaissances livresques est la même qui existe entre l'or et les billets de banque. Les billets ne sont pas toujours valables, ils peuvent même perdre toute valeur à la suite de troubles politiques ou sociaux. Tandis que l'or ne perd jamais sa valeur, quelles que soient les circonstances. C'est pourquoi celui qui possède de l'or ne sera jamais dans la misère.

Comme les billets de banque, les connaissances livresques peuvent, dans certaines circonstances, ne plus vous être d'aucune utilité. Tandis que si vous possédez les connaissances que vous donne la sagesse, cette sagesse qui est fondée sur une expérience personnelle, vivante, alors là vous avez de l'or. Dans toutes les circonstances, dans toutes les conditions, ce savoir reste valable, il éclaire votre chemin, il vous donne des solutions, et il vous apporte la paix.

Le cœur et l'intellect n'ont pas les mêmes exigences, chacun doit être nourri différemment et doit donc s'exercer différemment. Les artistes chez qui le cœur, la sensibilité sont particulièrement développés, ont besoin d'être encouragés ; ils souffrent de la critique. Combien d'artistes sont morts d'avoir été incompris ! Au contraire, penseurs et philosophes se renforcent par la critique, car l'intellect progresse à travers les oppositions et les obstacles. Le propre de l'intellect est de trouver de nouveaux arguments, de nouvelles solutions, il cherche des occasions de s'exercer, et la critique lui fournit ces occasions. Les affrontements ne lui font pas peur, il est construit pour résister.

Donc, celui qui s'exprime par le sentiment a besoin d'être encouragé, loué. Mais ne félicitez pas trop celui qui vit dans le monde de la pensée, car vous l'endormirez, il n'avancera plus.

Vous pouvez trouver beaucoup de livres qui vous enseignent des méthodes pour devenir clairvoyant : regarder dans une boule de cristal ou un miroir magique, utiliser certaines plantes, se faire hypnotiser, etc. Mais ces méthodes sont souvent dangereuses, surtout si vous cherchez à développer la clairvoyance avant d'avoir travaillé sur la pureté. Oh, bien sûr, on peut devenir clairvoyant sans s'être purifié ; développer la clairvoyance n'est pas tellement difficile. Seulement, si vous n'êtes pas pur, ce n'est pas le monde divin que vous verrez, mais les entités ténébreuses qui rôdent autour des humains ; vous verrez la méchanceté, la trahison, le mensonge ; vous verrez les catastrophes qui se préparent. Autrement dit, vous ne pourrez voir que des réalités qui correspondent au niveau que vous avez vous-même atteint, ou à peine davantage.

Jésus disait : *« Bienheureux les cœurs purs car ils verront Dieu. »* La meilleure méthode pour obtenir la vraie clairvoyance, la vision du monde divin, c'est de travailler sur la pureté et l'amour spirituel.

26 *Mai*

Le découragement qu'il nous arrive d'éprouver parfois est un signe que le lien qui doit exister entre nos deux natures, terrestre et céleste, est rompu en nous. La nature terrestre est comme une matière que la nature céleste doit sans cesse éclairer, vivifier. La nature terrestre nous tire vers le bas, alors que la nature céleste nous entraîne vers les hauteurs. C'est pourquoi, au moment où la nature terrestre parvient à se soustraire au pouvoir de la nature céleste, il se produit en nous comme une chute, un effondrement.

Pour maintenir ou rétablir le lien entre nos deux natures, nous devons, à la manière des alchimistes, apprendre à travailler avec le feu. C'est le feu, le feu sacré de l'amour divin qui soude notre nature inférieure à notre nature supérieure, à condition que nous ne nous arrêtions jamais de souffler sur lui.

Le dimanche de Pentecôte, les chrétiens commémorent la descente du Saint-Esprit sur les apôtres sous la forme de langues de feu. En réalité, cette descente du Saint-Esprit est un événement symbolique que l'on retrouve, sous une forme ou sous une autre, dans toutes les religions. Puisqu'il est dit que le Saint-Esprit est descendu sur les apôtres, on peut croire qu'il est une entité extérieure à l'homme. Mais en réalité, non, le Saint-Esprit, c'est son Moi supérieur, c'est-à-dire le symbole de tout ce qui est lumineux, puissant, divin en lui. Dire que l'homme reçoit le Saint-Esprit signifie que son propre esprit prend possession de lui, son propre esprit qui est son Moi supérieur.

Le Moi supérieur fait partie de l'homme, mais il ne peut pas encore descendre en lui pour se manifester tant que l'homme n'a pas débarrassé le chemin des impuretés qui l'obstruent. Le jour où il se purifiera véritablement, où il parviendra à la véritable sanctification, le Saint-Esprit, son Moi supérieur, puissant, lumineux, rayonnant, descendra en lui pour y accomplir des merveilles.

Regardez le soleil, méditez sur le soleil en prenant conscience que depuis des millions d'années il éclaire et réchauffe la terre ainsi que les créatures qui la peuplent. Et il le fait sans s'inquiéter de savoir qui se réjouit de ses rayons et les reçoit avec reconnaissance, et qui continue à dormir dans les caves. Il n'est ni vexé ni furieux que les humains n'aient même pas pris conscience qu'ils lui doivent la vie, il continue à briller en leur donnant ses bénédictions.

Comme le soleil, il existe des êtres qui envoient leur lumière et leur amour à travers l'espace, et eux non plus ne se préoccupent pas de savoir si les créatures en bénéficient ou non. Ils se sentent heureux, comblés, toute leur joie est de distribuer leurs richesses dans l'univers entier. Ils ont compris que le plus grand bonheur est celui que le soleil est en train de sentir et de vivre : briller, éclairer et chauffer.

Au cours de leurs premières années, les enfants vivent en contact avec les êtres invisibles, ils leur sourient, ils ont des conversations avec eux, écoutant et répondant. Mais quand ils en parlent aux adultes, et en particulier à leurs parents, ceux-ci n'y prêtent pas attention ou les font taire : qu'est-ce que c'est que ces inventions ? Pourtant, s'ils acceptaient d'écouter les récits de ces enfants et les interrogeaient, ils auraient des révélations étonnantes ; ils se privent là de quelque chose de très précieux.

Ce n'est peut-être pas le cas pour tous, mais certains enfants ramènent avec eux les souvenirs d'époques lointaines où les humains considéraient toute la nature comme un organisme vivant avec lequel ils étaient en relation constante. Cette mémoire subsiste généralement jusqu'à l'âge de sept ans, puis elle s'estompe à mesure qu'ils grandissent, mais aussi à cause de leur éducation, du langage et de l'attitude des adultes ; plus tard ils rient même en repensant à ces enfantillages, qui n'étaient, croient-ils, que le produit de leur imagination. Pourtant, c'étaient là les vestiges d'un passé inscrit dans leur âme, et c'est dommage qu'ils les laissent s'effacer.

Si vous attendez toujours qu'on pense à vous, qu'on vous comprenne, qu'on vous aide, qu'on vous aime, vous ne serez jamais heureux, car tout le monde a ses soucis, ses problèmes. Quelqu'un sera peut-être près de vous un moment, mais le moment suivant il sera occupé ailleurs et vous devrez vous débrouiller seul. C'est pourquoi je vous dis : ne comptez pas tellement sur les autres, car leur attention, leur amitié, leur amour sont des choses trop incertaines. Un moment, vous vous sentirez compris, soutenu, mais le moment suivant, que va-t-il se passer ?

Il ne faut rien attendre des autres, et surtout pas leur amour. Il peut venir, bien sûr, il peut venir même sans arrêt ; s'il vient, il sera le bienvenu, et vous remercierez le Ciel, mais il ne faut pas l'attendre. Voulez-vous être heureux ? Ne demandez pas d'être aimé, mais aimez, vous, jour et nuit, et vous serez sans arrêt dans le bonheur. Peut-être qu'un jour il vous tombera dessus un amour formidable… Oui, pourquoi pas ? Cela peut venir, mais ne l'attendez pas.

Même si on ne peut pas se réjouir à l'idée de mourir ou de voir mourir les êtres que l'on aime, il faut apprendre à considérer la mort comme une bienfaitrice : elle permet aux êtres de se libérer pour aller vivre plus loin, plus haut. Les Initiés, qui connaissent les plans de l'Intelligence cosmique, acceptent la réalité des deux principes de vie et de mort, et ils s'efforcent de travailler avec le principe de vie qui purifie, embellit, illumine. Le principe de vie est plutôt d'ordre mental et spirituel, et celui qui s'efforce de l'alimenter par des pensées justes, des sentiments généreux, peut retarder l'action du principe de mort.

Bien sûr, même en faisant ce travail, nous ne pourrons jamais échapper à la vieillesse et à la mort, il ne faut pas se faire d'illusions. Mais si nous apprenons à donner la prépondérance à l'esprit, c'est lui qui entretiendra l'activité en nous et qui nous donnera la souplesse et la joie. Le secret de la vie et de la jeunesse, la vraie, c'est de ne jamais s'arrêter dans sa marche vers le sommet des montagnes spirituelles.

Le monde minéral se caractérise par son immobilité. Les arbres poussent, mais ils restent attachés au sol. Les animaux se déplacent et certains ont la possibilité d'exécuter une grande variété de mouvements ; mais ces mouvements sont dictés par l'instinct. Seul l'être humain, parce qu'il possède la conscience, est capable de maîtriser ses mouvements et de leur donner aussi un sens. C'est ainsi que chaque geste que nous faisons, chaque parole que nous prononçons peut avoir un retentissement dans le plan spirituel.

Souvent, se concentrer, méditer, prier ne suffit pas : pour éveiller les puissances de l'esprit, nous avons besoin d'un point de départ dans le plan physique. Et ce point de départ peut être le geste, la parole. Le geste et la parole ont toujours un pouvoir magique : à travers eux, nous déclenchons dans le monde invisible des courants qui contribuent à la réalisation dans la matière.

Pourquoi tellement de personnes souhaitent-elles devenir clairvoyantes ? Comme si « voir » était le sommet de la vie spirituelle ! Les gains d'argent, les faillites, les futurs mariages, les divorces, les ennemis, les amis, les maladies, etc., mais quel est l'intérêt de voir toujours ces mêmes tragédies… ou ces mêmes comédies ? Est-ce qu'on ne voit pas assez de choses de ce genre avec ses seuls yeux physiques ? Combien de fois, dans la vie courante, on est fatigué, écœuré de tout ce qu'on voit ! Alors, pourquoi vouloir en voir davantage pour finir par être écrasé, malade ? Est-ce intelligent ?

Voir… voir… mais voir quoi ? C'est là la question. Que tous ces candidats à la clairvoyance se disent bien qu'à l'inverse de ce qu'ils imaginent, cette faculté les empêchera d'évoluer, surtout s'ils cherchent à l'acquérir avant d'avoir développé les qualités qui leur permettront de faire quelque chose d'utile avec ce qu'ils voient. Il ne suffit pas de voir, il faut être capable de saisir et de comprendre ce qu'on découvre dans les plans subtils, mais aussi d'affronter et de supporter les visions de l'enfer.

Un Maître spirituel révèle quelques vérités essentielles à ses disciples, et c'est aux disciples de les sentir, de s'en imprégner, de les vivre. Oui, un Maître met tout son amour, toute son âme, tout son esprit dans ses paroles, et les disciples les prennent, les goûtent, les absorbent ; il arrive même qu'ils se nourrissent beaucoup plus de la vie contenue dans ses paroles que des paroles elles-mêmes.

Maintenant, bien sûr, c'est tout un apprentissage à faire de la part des disciples : c'est à eux de développer cette sensibilité qui permet de trouver la vie contenue dans les paroles de leur Maître pour se nourrir, se renforcer et se transformer grâce à elle. Tant qu'ils se contentent de lire ou d'entendre des mots qu'ils notent sans avoir rien senti ni vécu, toute cette vie cachée qui pouvait les éclairer, les guérir, les ressusciter, leur échappe, ils ne la reçoivent pas. Si vous voulez connaître un jour la vraie vie, ce n'est pas l'intellect, mais l'âme et l'esprit en vous qui doivent être éveillés ; à ce moment-là, il vous suffira de quelques mots que vous entendrez prononcer pour vous sentir envahi par la lumière.

L’histoire de l’humanité ne manque pas d’êtres exceptionnels qui, par leur intégrité, ou leur bonté, ou leur courage, ou leur sagesse, etc., ont représenté des modèles pour les autres. Mais la perfection, c’est autre chose. La perfection pour les humains suppose le développement idéal de ces trois facteurs que sont en eux l’intellect, le cœur et la volonté, ce qui est très rare. On rencontre des gens remarquablement intelligents et instruits qui n’ont aucun amour pour les autres. Ou d’autres qui sont pleins d’amour, mais qui n’ont aucune volonté, et ainsi de suite.

L’existence ne cesse de nous montrer des êtres tout à fait remarquables dans certains domaines, mais très défectueux dans d’autres. C’est pourquoi si vous voulez une image de la perfection, vous devez vous tourner vers le soleil. Par sa lumière le soleil nous révèle qu’il est omniscient, sa chaleur nous parle de son amour inépuisable, et la vie qu’il apporte dans l’univers fait éclater sa toute-puissance.

5 Juin

Quand vous regardez un arbre, pensez-vous à ses racines ? Et pourtant son tronc, ses branches, ses fleurs, ses fruits ne sont que les différentes expressions des racines qui se manifestent là au travers des formes, des couleurs, des parfums, des saveurs. Les racines elles-mêmes sont noires, tordues, mais ce qui sort d'elles est coloré, harmonieux, et si elles disparaissaient, il n'y aurait plus rien, ni tronc, ni branche, ni fleur, ni fruit. Désormais, quand vous regarderez un arbre, tâchez d'avoir une pensée pour ses racines, pour cette intelligence et cette force capables de donner une telle splendeur. Comme elles restent dans l'ombre, on ne parle jamais d'elles. Mais abîmez-les, et c'en est fini de l'arbre. Tandis que si les racines restent saines, même si les branches sont mortes, l'arbre peut continuer à vivre. Voilà une question sur laquelle il vaut la peine de réfléchir.

En nous, les racines sont représentées par le plexus solaire : toutes nos manifestations ont pour origine le plexus solaire.

6 Juin

Il est écrit dans le livre de la *Genèse* que Dieu créa l'homme à son image. Mais comment dire avec précision où finit l'homme et où commence la Divinité en lui ? C'est impossible ! Nature humaine et nature divine sont si étroitement liées, imbriquées l'une dans l'autre, qu'on ne peut pas les délimiter. La Divinité habite dans tous les humains, chez les êtres les plus ordinaires comme chez les Initiés. La différence entre eux est seulement dans la conscience. Ceux qui ne parviennent pas à saisir, à sentir que la Divinité habite en eux, L'empêchent de se manifester. Il est ainsi des êtres, des lieux qui sont privés de la présence divine, parce qu'ils ne la reçoivent pas, ils ne l'acceptent pas.

Dieu existe en chacun de nous et Il veut s'y révéler dans toute sa plénitude, sa beauté, sa puissance, sa lumière, son amour. Mais c'est à nous d'abord de prendre conscience de cette présence pour lui permettre de se révéler et d'agir.

Le monde physique est ainsi fait qu'il n'existe rien qui ne finisse par recevoir, avec le temps, quelques poussières ou quelques saletés. Une maison, la plus belle soit-elle, est peu à peu envahie par la poussière et les toiles d'araignées si on néglige de la nettoyer régulièrement. Il en va de même pour cette maison que nous sommes aussi : notre corps physique, d'abord, qui a besoin d'être nettoyé, lavé, afin que les poussières et les toiles d'araignées de toutes sortes ne s'opposent pas au travail des entités supérieures qui viennent nous apporter la vie du monde divin.

Mais se préoccuper de l'entretien du corps physique ne suffit pas. Chaque jour nous devons aussi nous préoccuper de ces autres demeures que sont nos corps astral et mental. Et s'en occuper, cela signifie purifier nos pensées et nos sentiments, les débarrasser de tous les éléments d'égoïsme, d'agressivité, etc., qu'ils contiennent, afin que nous puissions vibrer en harmonie avec les régions célestes.

Le comportement, l'attitude, le caractère des femmes est en rapport avec leur aptitude à la maternité, et même si elles n'ont pas d'enfants, la plupart manifestent spontanément des qualités maternelles : le dévouement, la compassion, la sollicitude à l'égard des êtres plus faibles et de toutes les créatures vivantes.

Combien de temps faut-il à un homme pour devenir le père d'un enfant ? Quelques instants, et ensuite il peut ne plus s'en préoccuper, oublier qu'il a fait un enfant, ou même ne jamais le savoir ! Tandis qu'une femme, comment ne saurait-elle pas ou comment oublierait-elle qu'elle porte un enfant ? Et quand il est né, comment ne pas s'occuper de cet être si faible et si délicat ? Alors que, souvent, le père est déjà parti ailleurs… Qu'on le veuille ou non, le rôle de l'homme et de la femme dans cet acte tellement fondamental de la procréation influe sur leur tempérament et sur leur manière de se comporter dans la vie.

Ce que l'on appelle sensibilité n'est souvent que cette tendance maladive qui fait qu'aux moindres critiques, aux moindres oppositions les gens se sentent agressés, blessés. Cette sensibilité-là, malheureusement, tout le monde la possède, elle n'est que trop répandue, et ce n'est pas la véritable sensibilité.

La véritable sensibilité, c'est d'être capable de percevoir la présence autour de nous des réalités invisibles, les courants qui traversent l'espace, les entités qui nous entourent et nous visitent. Il se passe beaucoup plus de choses dans le monde psychique que dans le monde physique, et c'est donc là, dans le monde psychique, qu'il faut s'exercer à sentir les courants, les présences, tout ce qui est impalpable, subtil. La véritable sensibilité est donc la sensibilité au monde invisible, mais surtout à ce que le monde invisible contient de lumineux et de divin.

Même dans l'être humain apparemment le plus insignifiant se trouvent des qualités et des vertus qui attendent le moment de se manifester. C'est pourquoi, plutôt que de s'occuper des défauts de ses disciples, un Maître cherche à faire apparaître toutes leurs potentialités divines. C'est de cette façon que je travaille sur vous, et c'est de cette façon aussi que vous devez travailler en nourrissant des pensées sacrées les uns pour les autres. En nourrissant ces pensées sacrées, vous cessez de vous arrêter sur des détails qui ne sont pas tellement glorieux, pour vous concentrer sur le Principe divin dans les êtres. Vous faites alors un bon travail sur vous-même, et vous aidez aussi les autres. Tandis qu'en vous occupant de leurs défauts, c'est d'abord à vous que vous faites du mal parce que c'est comme si vous vous nourrissiez de saletés, et vous empêchez aussi les autres d'avancer.

Combien de gens s'imaginent qu'ils vont aider les autres à se corriger en soulignant leurs défauts ! Pas du tout, au contraire, on ne peut aider les autres qu'en portant son attention sur leur nature divine.

Les enfants n'ont en apparence aucun pouvoir, ils sont faibles… Eh bien, c'est justement pour cela qu'ils réussissent là où les puissants échouent. Ils réussissent parce qu'ils sont spontanés, vivants, naturels, et qu'ils éveillent l'amour. Plusieurs personnes viennent présenter une demande à un ministre : elles présentent des arguments, elles expliquent, elles insistent… En vain, rien à faire. Et voilà que son petit enfant arrive, il embrasse son père, lui sourit, le caresse, et il obtient tout ce qu'il réclame. L'enfant fait tomber les carapaces, les barrières, et il ouvre les cœurs. Regardez aussi comment agit le soleil : il brille, il envoie sa chaleur et ce que ni l'orage, ni la grêle, ni le vent, malgré leur force, n'avaient réussi à obtenir, il l'obtient : les humains commencent à enlever leurs vêtements.

La conclusion à tirer de ces exemples, c'est que si nous sommes froids, hautains, violents, dominateurs, les âmes autour de nous s'enveloppent de carapaces. Nous frappons, et personne ne répond. Mais si, au contraire, nous les chauffons avec les rayons de l'amour, elles laissent tomber leurs carapaces pour s'ouvrir à nous. C'est à la chaleur que les fleurs s'épanouissent, pas au froid.

Lorsque vous donnez un objet à quelqu'un, évidemment vous ne l'avez plus. Lorsqu'en échange d'un kilo de cerises que vous achetez chez l'épicier, vous donnez de l'argent, cela fait quelques sous de moins dans votre porte-monnaie. Mais dans le plan psychique, c'est différent : tout ce que vous donnez de bon et de lumineux vous enrichit. Oui, et lorsque vous éprouvez un sentiment de reconnaissance pour les humains, même s'ils ne vous donnent rien, vous recevez quelque chose. Cela vous étonne ? Non, cela n'a rien d'étonnant.

La reconnaissance est une ouverture de votre cœur et de votre âme, et en vous ouvrant ainsi, vous recevez tout ce qu'il y a de beau et de bon dans la nature et dans la vie. Même si ces cadeaux ne vous étaient pas particulièrement destinés, c'est vous qui les recevez, alors que celui qui est ingrat, même s'il devait les recevoir, ne reçoit rien. Soyez reconnaissant et vous aurez la sensation que tout le Ciel s'ouvre pour vous. Plusieurs fois par jour, même si vous n'avez aucune raison de remercier, dites : « Merci, merci, merci Seigneur… »

La vie est une lente combustion. Chaque effort physique, mais aussi chaque sensation, chaque sentiment, chaque effervescence intérieure entraîne la combustion de nombreux matériaux en nous, voilà ce dont nous devons prendre conscience. La plupart des humains font comme si leurs énergies étaient inépuisables, ils ne savent pas que tout leur est mesuré. Quand une créature vient sur la terre, il lui est donné une certaine quantité d'énergies, et si elle n'est pas raisonnable, si elle gâche ses réserves, tant pis, on ne lui en donnera pas d'autres. La preuve : parfois, il faudrait à quelqu'un une seule petite goutte de vie pour qu'il puisse terminer son travail, mais on ne la lui donne pas.

Donc, attention, si vous avez de grands projets à réaliser, économisez vos énergies, elles vous sont calculées, pesées. Si vous n'êtes pas vigilant, au moment où vos réserves seront épuisées il n'y aura plus rien à faire, vous devrez partir avant d'avoir pu achever votre tâche.

Si nous ne sommes pas d'abord vivants, la science et la philosophie ne nous serviront pas à grand-chose. Pour être vivant, il faut bien se nourrir, et dans tous les plans. Or, le savoir que l'on donne aux étudiants dans les universités ne les nourrit pas. Voilà pourquoi ils ont souvent les jambes chancelantes, le cœur vide et du brouillard devant les yeux – symboliquement.

À l'école des Initiés, au contraire, on nourrit bien les étudiants, et lorsqu'ils sont devenus forts, robustes, on leur donne une charrue, on leur explique comment labourer la terre et on les met au travail. Évidemment, ici aussi la terre est un symbole ; c'est celle que chaque homme possède en lui-même : sa tête. Ceux qui savent labourer et semer de bonnes graines dans leur propre terre, mangeront à satiété toute leur vie. Les autres ne verront pousser que des chardons, des épines et des ronces qui, non seulement ne leur seront pas utiles, mais leur feront du mal et feront du mal aux autres aussi.

15 Juin

Prononcer des paroles de consécration produit des changements dans les vibrations des objets et des créatures. Il ne faut jamais oublier qu'au-delà du plan physique il existe d'autres plans plus subtils, et que ce qui se produit dans ces plans subtils finit par influencer le plan physique. C'est pourquoi nous devons chaque jour consacrer notre vie à Dieu, c'est-à-dire consacrer non seulement nos activités mais aussi notre corps entier avec nos membres, nos organes, afin qu'ils deviennent les dépositaires et les transmetteurs des courants d'énergies pures.

Pourquoi je conseille aux parents de consacrer dès sa naissance leur enfant au Seigneur ? Parce qu'ils gravent ainsi dans sa matière psychique des sillons grâce auxquels il sera attiré dans une direction lumineuse, divine. Il recevra des courants de forces bénéfiques, tandis que les courants obscurs seront détournés.

16 Juin

Tout ce qui arrive a sa raison d'être. Voilà la certitude du sage, et c'est pourquoi rien ne peut lui faire perdre sa lumière et sa joie. Même si beaucoup d'événements restent encore pour lui inexplicables, il sait qu'il aura un jour des explications.

L'existence, c'est vrai, nous place souvent devant des faits, des situations qui, au premier abord, nous apparaissent incompréhensibles et même absurdes. Mais rien n'est plus terrible et dangereux que d'en conclure que la vie est dénuée de sens. Jamais le sage ne pensera, comme le font de soi-disant philosophes, que tout n'est que hasard, chaos et absurdité. Quel orgueil de prétendre dépourvu de sens ce qu'on n'est pas encore capable de comprendre !

Pour le bon développement des humains, les succès ne sont pas toujours souhaitables. Évidemment, si quelqu'un est faible et chétif, il vaut mieux qu'il ne rencontre pas de trop grands obstacles sur sa route, parce qu'en cas d'échec, il ne se relèvera plus. Mais s'il est fort, les échecs vont encore le renforcer ; l'adversité, les ennemis lui donneront des énergies comme s'ils étaient pour lui une nourriture, et un jour il deviendra invincible.

Malheureusement, il n'y a pas beaucoup de gens qui poursuivent courageusement leur route malgré les obstacles et l'adversité : la plupart sont vite découragés, anéantis. Pour puiser des forces dans l'adversité, il faut déjà posséder une grande richesse intérieure. Quelquefois, même, c'est le Ciel qui envoie des épreuves à certains parce qu'il connaît leur nature : il sait que pour arriver au sommet, il faut qu'ils aient à surmonter les plus grandes difficultés. Tandis que les autres, il les ménage, sinon c'en sera vite fini avec eux. Le Ciel agit donc différemment suivant les êtres. C'est pourquoi il est difficile de se prononcer sur la destinée des humains : souvent, leurs épreuves apparaissent comme des entraves imposées par le Ciel, alors que ce sont au contraire de bonnes conditions qu'il leur donne pour qu'ils arrivent à s'élever jusqu'au sommet.

Combien de situations différentes la vie peut nous présenter ! Aussi, pour pouvoir faire face, nous devons apprendre la souplesse. Il y a des gens qui, dans toutes les circonstances, ont la même réaction, utilisent le même moyen, la même méthode ; mais comme chaque problème exige une solution particulière, ils ne cessent de se briser contre les obstacles. Il faut qu'ils s'assouplissent un peu, qu'ils soient plus psychologues, plus diplomates ; non pas diplomates au sens péjoratif, c'est-à-dire hypocrites et rusés, mais dans le sens où la diplomatie sous-entend une sagesse.

Le sage, le vrai sage, est un diplomate, un psychologue, qui, dans telle situation, devant tel individu, sait quelle méthode choisir pour faire le bien. Il réfléchit et il trouve de quelle façon manœuvrer, comme le marin qui connaît les courants, les récifs, et qui sait où et comment conduire sa barque pour ne pas faire naufrage. Être souple, c'est donc être sage et psychologue.

Les sept couleurs du prisme sont considérées par la Science initiatique comme l'expression des vertus divines : au violet correspond le sacrifice ; à l'indigo, la stabilité ; au bleu, la vérité ; au vert, l'espérance ; au jaune, la sagesse ; à l'orange, la sainteté ; au rouge l'amour. En vous concentrant sur les différentes couleurs, vous pouvez obtenir des pouvoirs spirituels, mais vous n'obtiendrez vraiment ces pouvoirs qu'en soutenant vos exercices de concentration par la pratique des vertus correspondantes. Sinon vous n'obtiendrez rien, vous serez comme ceux qui s'imaginent qu'ils peuvent devenir de grands mages en se livrant à tel rite ou telle pratique d'évocation des esprits sans rien améliorer dans leur façon de vivre. Les entités supérieures du monde invisible ne cèdent pas à ces tentatives ; ce sont seulement les créatures des niveaux inférieurs, les larves, les élémentaux qui se présentent à eux.

Vous voulez attirer les anges et les archanges ? C'est par vos vertus que vous y arriverez. Les entités célestes s'approchent seulement de ceux qui savent manifester la véritable lumière, c'est-à-dire la pureté, le désintéressement, l'abnégation.

Quand il s'agit de faire le bonheur d'un peuple, évidemment la responsabilité des dirigeants est grande. Mais le peuple aussi a quelque chose à faire pour attirer des dirigeants qui feront régner la justice, la prospérité, la paix. C'est la leçon contenue dans ce conte.

Il était une fois un royaume où n'arrivaient que des malheurs : famines, épidémies, émeutes… Le roi, inquiet, ne sachant que faire pour remédier à ces calamités qui menaçaient aussi son pouvoir, fit venir un sage. Et le sage lui dit ceci : « Majesté, c'est toi qui es la cause de cette situation : tu vis dans la mollesse, la débauche, tu es souvent dur, injuste, cruel, et voilà pourquoi les catastrophes ne cessent de tomber sur ton peuple. » Ensuite le sage se présenta devant le peuple et lui dit : « Si vous souffrez, c'est que vous l'avez mérité. Est-ce que vous-mêmes vivez de manière raisonnable ? Est-ce que vous êtes honnêtes, justes, patients les uns avec les autres ? Non, et c'est pourquoi vous avez attiré un monarque qui vous ressemble. » Voilà comment les sages expliquent les choses. Quand un peuple entier décide de vivre dans la lumière, le Ciel lui envoie des dirigeants nobles et honnêtes qui ne lui apportent que des bénédictions. Mais si un peuple est gouverné par des gens incapables de prendre de bonnes décisions, il doit savoir qu'il en est lui-même le principal responsable.

21 Juin

On l'a souvent constaté : les personnes pour qui prier est une réaction naturelle, spontanée, sont mieux armées que les autres pour affronter la souffrance et le malheur. Grâce à cette faculté de s'arracher à l'obscurité et aux pesanteurs de la terre pour s'adresser aux puissances célestes, intérieurement elles ressentent moins l'amertume et le découragement.

Certaines épreuves que nous avons à vivre peuvent être liées à la collectivité, et il est impossible de les éviter. Une guerre, par exemple : pendant une guerre, d'une manière ou d'une autre, personne n'est épargné. Mais celui qui prie, qui fait appel aux puissances de l'esprit, transforme intérieurement son état ; et même si, extérieurement, les événements sont les mêmes pour tous, là où tous autour de lui se laissent accabler, il reçoit, lui, l'aide de la lumière. Alors, grâce à cette aide il peut aussi soutenir et encourager les autres.

C'est un très grand sacrifice que fait un Maître spirituel en acceptant d'instruire les humains : il dépense là beaucoup de temps et d'énergies qu'il pourrait consacrer à son propre développement. Vous direz : « Mais il n'a pas déjà terminé son travail ? » Il a peut-être terminé un certain travail, mais il y a toujours un degré supérieur à atteindre, une plus grande lumière, de plus grands pouvoirs à acquérir. Et comme il est sans cesse accaparé par ses disciples, il n'est plus tellement libre de son temps et de ses activités.

Et même pour le travail qu'il a entrepris de faire avec ses disciples, un Maître doit se montrer patient. Quelquefois, il s'arrête un moment pour les attendre, mais jamais il ne revient en arrière. Quand les disciples le rejoignent, il est heureux et il repart afin de les entraîner plus haut. Mais à nouveau il est obligé de s'arrêter… Quand il est tenté de poursuivre seul sa route, son cœur lui chuchote : « Patiente encore, attends un peu. » Et s'il décide d'être sévère, très vite son cœur le pousse à l'indulgence.

23 Juin

En apparence le soleil n'est qu'un globe de feu grâce auquel nous recevons la lumière et la chaleur. Mais en réalité il est une entité vivante dans laquelle habitent des créatures de lumière, des créatures d'une évolution bien supérieure à celle des humains. Vous pensez que cette idée de créatures habitant dans le soleil n'est que le produit de l'imagination ? Alors, je vous demande : « N'y a-t-il pas des habitants en vous-même ? »

Combien de milliards d'entités se trouvent en vous dans votre cerveau, dans votre cœur, dans vos poumons, dans votre estomac !… Leur nombre est incalculable. Vous direz que vous n'avez jamais réfléchi à cette question. Eh bien, c'est le moment d'y réfléchir. Les cellules de votre corps sont toutes des créatures vivantes, vous les portez en vous et à cause d'elles vous avez un jardin rempli de fruits, oui, un jardin de pensées et de sentiments. Eh bien, il en est de même pour le soleil, car tout ce qui existe dans l'univers est construit sur le même modèle.

24 Juin

Prononcez le mot « sacrifice » et vous verrez immédiatement les visages s'assombrir parce que, pour la majorité des humains, ce mot s'accompagne de l'idée de privations et de souffrances. Pour un spiritualiste, au contraire, ce mot s'accompagne de l'idée d'amour, de joie, de beauté, parce qu'il sait qu'en renonçant à certaines choses qui lui plaisent, qui l'arrangent, il goûtera sur un plan supérieur de bien plus grandes satisfactions.

Le sacrifice est la transformation d'une matière en une autre, d'une énergie en une autre. Se sacrifier, c'est être comme un morceau de bois mort que l'on met dans le feu. Avant d'entrer dans le feu, ce morceau de bois est terne, inutile. Mais du moment qu'il accepte d'entrer dans le feu pour l'alimenter, il devient lui-même feu, chaleur, lumière, beauté. Débarrassez-vous donc de cette pensée que le sacrifice s'accompagne de souffrances et de privations, car grâce à lui vous sortirez de l'obscurité pour devenir lumière.

25 Juin

Travaillez longtemps afin d'affermir vos convictions et vos aspirations. Si vous allez raconter partout que vous avez enfin trouvé le chemin de la lumière, que vous êtes décidé à suivre ce chemin, etc., vous vous mettez dans la situation de vous créer des obstacles, de provoquer des ripostes. Certains chercheront à vous démontrer que vous faites fausse route, que vous êtes un idéaliste naïf, ou autre chose de ce genre. Et si vos convictions ne sont pas encore bien solides, non seulement vous ne persuaderez pas ces personnes du contraire, mais c'est vous qui finirez par capituler devant elles.

Tant que vos aspirations n'ont pas commencé à se concrétiser, il ne faut pas les exposer. Il faut les conserver précieusement, veiller sur elles, les nourrir de vos pensées et de vos sentiments les meilleurs.

Allez auprès d'un rosier en fleurs et regardez-le en sachant que vous êtes devant des créatures vivantes, descendues de la planète Vénus. Vous vous demandez comment les roses ont pu venir de la planète Vénus, étant donné que les conditions atmosphériques qui y règnent rendent toute vie impossible… C'est vrai. Mais pour la Science initiatique, les planètes ne sont pas uniquement ces corps physiques, matériels, qu'étudie l'astronomie ; pour la Science initiatique, les planètes sont des voies de passage, des intermédiaires entre les courants cosmiques et la terre. Par l'intermédiaire des planètes, la terre reçoit des courants, des influences dont Dieu Lui-même est la source. C'est pourquoi, depuis des temps immémoriaux, les Initiés ont associé les planètes à des qualités, des vertus : la Lune à la pureté, Mercure à l'intelligence, Jupiter à la générosité, etc.

Les planètes servent donc de réservoirs aux courants qui parcourent l'espace et qui, selon leur nature, viennent se condenser sur la terre dans tel ou tel réceptacle. Les roses sont les réceptacles de courants qui viennent de Vénus, les courants de l'amour. Lorsque nous nous approchons d'elles, nous recevons cet amour.

Un être humain est physiquement soit un homme, soit une femme, mais dans toute créature il existe un côté féminin, passif, symbolisé par l'obscurité, ainsi qu'un côté masculin, actif, symbolisé par la lumière. Et la lumière doit pénétrer l'obscurité pour l'éclairer et en extraire toutes les richesses.

En nous, par exemple, c'est l'intellect qui représente la lumière, et le cœur qui représente l'obscurité. L'intellect pénètre le cœur (le nôtre et celui des autres) afin de l'éclairer et de faire un travail avec lui. Pour prendre une image, on peut dire qu'à la manière d'un piston, l'intellect doit alternativement entrer dans le cœur et en sortir. Celui qui n'utilise pas ainsi son intellect est incapable de comprendre quoi que ce soit, et il est surtout incapable de se connaître. C'est en pénétrant de sa lumière le gouffre profond du cœur que la sagesse en découvre les trésors, les filons cachés de pierres, de métaux et de liquides précieux. Dans ce puits obscur du cœur, l'intellect descend et remonte afin de puiser l'eau précieuse.

Combien d'occasions magnifiques se présentent à vous ! Mais vous ne pouvez pas en bénéficier parce que vous ne vous êtes pas préparés ! C'est, dans les *Évangiles,* le sens de la parabole des cinq vierges sages et des cinq vierges folles. Seules les vierges sages qui avaient préparé de l'huile pour leurs lampes furent reçues par l'Époux dans la salle des noces.

L'huile de la lampe préparée par les vierges sages symbolise toutes les conditions intérieures que nous devons remplir pour être là, disponibles, éveillés, actifs au moment où nous ferons une rencontre qui peut transformer notre vie : la rencontre d'un être, la rencontre de la beauté, la rencontre d'une vérité. Celui qui s'est laissé aller à des activités ou des états inférieurs qui l'ont vidé de ses énergies, sera comme une de ces vierges folles qui n'ont pas été acceptées dans la salle des noces : il se trouvera intérieurement devant une porte fermée.

29 Juin

Donner, voilà une pensée qui ne doit jamais vous quitter. Oui, habituez-vous à donner, et à donner ce que vous possédez de meilleur. Évidemment, ce n'est pas une philosophie très répandue parmi les humains : partout ils ne pensent qu'à prendre, et les êtres ne les intéressent que dans la mesure où ils peuvent leur prendre quelque chose. Même quand ils viennent dans une École initiatique, certains ne cherchent qu'à prendre. Mais au bout de quelque temps, comme il n'y a pas tellement de choses dont ils puissent s'emparer, excepté des vérités qui ne les intéressent pas, ils s'ennuient et ils s'en vont.

Alors, voilà désormais comment vous devez voir les choses : pensez qu'il y a en vous une terre magnifique, un jardin dans lequel vous cultivez toutes sortes de fleurs et de fruits, et que vous apportez au monde entier des produits de ce jardin. À cause de ce désir de faire quelque chose pour les autres, des portes s'ouvriront devant vous, tout vous paraîtra nouveau, vous ferez sans cesse de nouvelles découvertes. C'est quand vous voulez donner, apporter quelque chose aux autres, que la vie commence à jaillir en vous.

Un sage était dans son jardin en train de cueillir des fruits. Soudain, il entend du bruit et voit un homme courir : « Mais où vas-tu si vite ? lui demande-t-il. – Mon voisin me poursuit avec un fusil : il prétend que c'est moi qui ai mis le feu à son grenier. – Va-t-en vite, je vais arranger ça. » Arrive l'autre homme : « Où cours-tu ainsi ? lui dit le sage. Tu as l'air bien essoufflé. Assieds-toi un instant. – Non, je dois rattraper un individu qui a mis le feu à mon grenier. Il va recevoir une correction dont il se souviendra toute sa vie. – Mais il doit être loin maintenant. Regarde ces fruits, ils sont délicieux. Assieds-toi, goûte-les. » L'homme finit par s'asseoir, il se régale avec les fruits, et le sage lui fait aussi admirer les fleurs et les arbres du jardin, le ciel bleu, etc. Cette petite halte change son humeur, il renonce à poursuivre son voisin et propose même au sage de l'aider à cueillir ses fruits.

Vous direz que c'est là une histoire invraisemblable. Pas tellement… Le sage savait que s'il se mettait en travers du chemin en disant à l'homme en colère : « Arrête-toi, ça ne vaut pas la peine de courir ainsi », l'autre l'aurait bousculé sans rien vouloir entendre et il aurait été obligé d'employer la force. Alors, qu'a-t-il fait ? Il a détourné son attention en lui offrant des fruits. Cela signifie que, pour empêcher les humains de faire le mal, plutôt que de s'opposer à eux, il vaut mieux essayer de détourner leurs énergies.

Jésus disait : *« Ne vous inquiétez pas du lendemain, car le lendemain aura soin de lui-même. À chaque jour suffit sa peine. »* Certains ont interprété ces paroles comme une invitation à vivre dans l'insouciance. Au contraire, Jésus met l'accent sur la conscience, la vigilance qui nous aident à bien vivre aujourd'hui. *« À chaque jour suffit sa peine. »* Il faut donc « peiner », car demain ne se débrouillera pas tout seul, et il est imprudent de le laisser venir sans rien préparer. Ne pas se soucier du lendemain suppose qu'on se soucie d'aujourd'hui. C'est aujourd'hui qui réclame toute notre attention, tous nos soins.

Combien de gens oublient le présent pour ne penser qu'à l'avenir ! Puisqu'ils sont en train de vivre le présent, ils croient qu'il n'y a pas tellement de questions à se poser à son sujet. Eh bien si, justement, c'est sur le présent qu'il faut se concentrer.

Comment conserver votre amour ? Comment faire pour qu'il dure le plus longtemps possible ? En évitant de vous précipiter sur l'être que vous commencez à aimer pour le dévorer. Parce qu'après ces grandes ébullitions, la lassitude viendra très vite, et vous perdrez votre inspiration et votre joie. Comme celui qui a trop mangé et à qui la nourriture ne dit plus rien. Mais les humains semblent toujours pressés de détruire tout ce qui peut embellir leur vie et lui donner un sens. Cet amour qui leur apporte toutes les bénédictions, qui leur apporte le Ciel, ils le sacrifient pour quelques minutes de plaisir. Pourquoi n'essaient-ils pas de retarder les manifestations physiques de leur amour, afin de prolonger le plus longtemps possible cette sensation d'émerveillement qu'ils sont en train de goûter ? Eh non, ils éprouvent une attirance, et il faut vite en finir.

Mais alors que se passe-t-il ? Même quand ils se marient et qu'ils ont des enfants, ils continuent à vivre ensemble par habitude, pour respecter les conventions, pour faire bonne figure devant les amis, les parents ; mais intérieurement, depuis longtemps déjà, ils se sont quittés. Ce sont les sensations subtiles qui entretiennent l'amour, qui prolongent et embellissent la vie. C'est cela le véritable élixir de la vie immortelle.

3 Juillet

Même si un père se reconnaît dans son fils ou un Maître dans son disciple, le fils ne sera jamais son père et le disciple ne sera jamais son Maître. Aucun être humain ne peut être l'exacte reproduction d'un autre.

Chacun a sa voie, sa mission, et même si le disciple prend son Maître pour modèle, il doit toujours se développer d'après sa propre nature. Pour prendre une image, je vous dirai qu'il doit seulement s'efforcer de chanter en respectant la partition ; mais il ne peut pas faire autrement que de la chanter avec son propre gosier, avec sa propre voix, qui n'est certainement pas identique à celle de son Maître. Mais cela n'a aucune importance : la seule chose importante, c'est d'exécuter la partition, c'est-à-dire de se conformer à la seule philosophie éternelle et véridique qui est celle de tous les grands Maîtres de l'humanité.

Quand le ciel est clair, la nuit, pensez à vous arrêter un moment pour contempler les étoiles. Imaginez que vous quittez la terre, ses luttes, ses tragédies, et que vous devenez un citoyen du ciel. Méditez sur la beauté des constellations et la grandeur des êtres qui les habitent…

Au fur et à mesure de cette ascension dans l'espace, vous allez vous sentir allégé, libéré, mais surtout vous découvrirez la paix, une paix qui s'introduira peu à peu dans tout votre être. En méditant sur la sagesse qui a créé l'univers et les créatures dont il est peuplé, vous sentirez que votre âme déploie des antennes très subtiles qui lui permettent de communiquer avec les régions les plus éloignées. Ce sont là des moments sublimes que vous ne pourrez plus jamais oublier.

5 Juillet

La vie après la mort n'est qu'une continuation, sous une autre forme, de la vie présente et elle se prépare donc maintenant.

Quelques jours après que l'âme ait quitté le corps, elle est définitivement séparée de lui. Mais tout ce que ce corps a vécu et qui s'est inscrit en lui sous forme d'empreintes, est indestructible et continue à exercer une influence sur elle. C'est pourquoi il est tellement important que vous cherchiez toujours la meilleure manière d'utiliser vos énergies ; avec tout ce que vous aurez fait de bon et de beau sur la terre, vous pourrez continuer à construire quelque chose dans l'autre monde. Il ne suffit pas que votre âme soit libérée du corps pour que vous connaissiez la paix, la joie, la lumière dans l'au-delà. La paix, la joie, la lumière ne seront que la conséquence de ce que vous aurez été capable de réaliser pendant votre existence terrestre.

Si les humains voulaient bien comprendre qu'il se produit dans leur organisme psychique les mêmes phénomènes que dans leur organisme physique, ce serait déjà un progrès. Ils savent que s'ils respirent un air pollué, s'ils mangent une mauvaise nourriture, ils introduisent dans leur organisme des impuretés que celui-ci ne parvient pas à éliminer ; les échanges ne se font donc plus correctement avec les forces de la nature. De la même façon, s'ils ne surveillent pas leurs pensées, leurs sentiments et leurs actes, ils introduisent des impuretés dans leur organisme psychique ; ces impuretés forment un écran opaque et, évidemment, les communications avec le monde divin sont coupées.

Que ceux qui se plaignent : « Je prie, je demande l'aide du Ciel, mais je ne reçois aucune réponse », commencent par accepter cette réponse-là : le monde divin leur envoie continuellement des messages, mais ils doivent se préparer à les recevoir. Et se préparer signifie améliorer sa façon de vivre en travaillant sur ses pensées, ses sentiments et ses actes afin de les purifier.

Le disciple apprend à mobiliser ses pensées, ses désirs, et même toutes les tendances de sa nature inférieure, pour la réalisation d'un idéal sublime. Mais ce que vous ne savez peut-être pas, c'est que ce travail d'unification, d'harmonisation, le soleil peut vous aider à le réaliser. En le regardant se lever, le matin, pensez que votre conscience s'approche de votre propre soleil, votre esprit, votre Moi supérieur, pour se fusionner avec lui. Lorsque vous serez parvenu à pacifier et unifier toutes les forces contraires qui vous tiraillent pour les lancer dans une seule direction lumineuse, divine, vous deviendrez un foyer tellement puissant que vous serez capable de rayonner dans toutes les directions, comme le soleil.

Oui, un être qui est arrivé à régler ses propres problèmes pour être libre, peut commencer à s'occuper de l'humanité tout entière, et il devient comme le soleil : il vit dans une telle liberté qu'il élargit le champ de sa conscience à tout le genre humain, auquel il envoie la surabondance de lumière et d'amour qui déborde de lui... Mais avant de pouvoir rayonner, il doit apprendre à concentrer toutes les puissances de son être pour les orienter dans une seule direction.

Prenez l'habitude de vous analyser afin de vous rendre compte des empêchements, des écrans que vous vous fabriquez inconsciemment. Si, par exemple, vous ne voyez dans les exercices nécessaires à votre avancement spirituel que des obligations pénibles, ils ne vous apporteront rien, car vous n'y mettrez pas votre âme. Soyez conscients de ce qui, en vous, s'oppose à tout ce qui pourrait vous aider.

À chaque moment de la journée, vous avez l'occasion de faire des exercices qui vous libéreront. Ne considérez pas ces exercices comme des corvées, mais comme des moyens de vous sauver. Peu à peu, une vie nouvelle coulera qui harmonisera et rétablira toutes choses en vous. Cessez de dresser vous-même des barrages sur votre propre route en considérant comme ennuyeux, lourds et inutiles les exercices que je vous indique et que nous faisons ici. Faites-les avec amour, avec joie, et bientôt vous ne pourrez plus vous en passer.

Il est important que, très jeunes déjà, les enfants puissent s'ouvrir sur le monde, qu'ils emmagasinent le plus d'impressions possible, car ce sont ces expériences faites très tôt qui enrichissent leur monde intérieur. Les parents doivent les y aider en attirant leur attention sur les formes, les sons, les couleurs, les parfums.

Et tout en veillant, bien sûr, à ce qu'ils n'aillent pas s'exposer au danger, les parents doivent aussi amener leurs enfants à prendre conscience de ce qui se passe autour d'eux. Les enfants vont à l'école où ils commencent à acquérir des connaissances. C'est nécessaire, mais c'est insuffisant. Il est aussi important qu'ils puissent nourrir leur intelligence et leur sensibilité par la fréquentation du plus grand nombre possible d'êtres humains, et même les plus humbles. Qu'ils voient comment ils peinent au travail, et combien il est précieux d'avoir quelques sous qu'on a gagnés à la sueur de son front.

Quand nous chantons, physiologiquement, depuis la gorge jusqu'au diaphragme quelque chose de puissant se met en mouvement, et la voix jaillit. C'est pourquoi chanter libère des tensions et des pesanteurs intérieures. Que sait-on des anges ? On se les représente comme des créatures ailées et qui chantent. Comme les oiseaux : l'ange et l'oiseau sont associés à l'idée de légèreté, d'envol et de chant. C'est pourquoi nous devons chanter pour nous dégager de tout ce qui nous alourdit.

De combien de troubles mentaux les humains pourraient se guérir par le chant ! Car ses vibrations désagrègent les présences obscures qui cherchent à s'accrocher à eux. Le chant est l'expression de la vie, la vie elle-même n'est rien d'autre qu'un chant. Et qu'y a-t-il de plus nécessaire, de plus vivifiant que d'arriver à se débarrasser de l'atmosphère pesante qui nous entoure, pour entrer dans ces régions où tout est harmonieux, lumineux, léger ?

Est-ce que vous savez que deux jambes, c'est beaucoup mieux qu'une ? Oui, évidemment vous direz que vous savez cela depuis longtemps. Alors, pourquoi restez-vous perchés sur une seule jambe ?… Mais oui, je vous vois sauter sans arrêt sur une jambe au lieu de marcher : il y a ceux qui réagissent toujours avec leur cœur, la jambe gauche (ils ne réfléchissent pas), et ceux qui réagissent toujours avec leur intellect, la jambe droite (ils n'ont ni bonté ni indulgence). Tous des unijambistes ! Vous voyez combien de choses vous croyez connaître, mais comme vous ne les mettez pas en pratique, vous ne les connaissez pas.

Pourquoi la nature nous oblige-t-elle à marcher en avançant tantôt le pied gauche, tantôt le pied droit ? La réponse est simple : c'est pour nous rappeler que nous devons réagir tantôt avec le cœur, tantôt avec l'intellect. Pour nous conduire correctement, nous devons faire alterner les deux principes masculin et féminin, en sachant à quel moment changer la polarité. Combien de problèmes paraissent insolubles parce qu'on ne sait pas avancer avec ses deux jambes !

Vous n'avez le droit de critiquer chez les autres que les faiblesses que vous avez réussi à vaincre en vous. Chaque fois que vous portez un jugement négatif sur quelqu'un, vous êtes vous-même jugé. Et par qui ? Par votre conscience, votre tribunal intérieur. Une voix s'élève alors en vous pour vous demander : « Et toi qui te prononces ainsi, es-tu si sûr que d'une manière ou d'une autre tu n'as pas ce défaut-là ?… À cette faiblesse dont tu es déjà coupable, pourquoi ajoutes-tu le manque d'indulgence, le manque d'amour ? Ne sens-tu pas que dans ton cœur, dans ton âme, tu es en train de perdre quelque chose ? »

Voilà la punition infligée à celui qui juge les autres alors qu'il n'en a pas le droit : des lumières le quittent. Certains diront : « Mais cette voix dont vous nous parlez, nous ne l'avons jamais entendue ! » Évidemment, parce qu'ils ont tout fait pour devenir sourds.

Vous êtes tous capables de vous enthousiasmer en découvrant une vérité spirituelle et vous êtes sincères quand vous dites que vous voulez vivre désormais en harmonie avec elle. Mais il arrive que, très vite, cet enthousiasme retombe. Pourquoi ? Parce que les habitants des milliards de cellules qui constituent votre organisme ne sont pas tous convaincus. La lumière que vous venez de recevoir, la bonne décision que vous venez de prendre n'ont réussi à toucher que certains d'entre eux. Les autres font la sourde oreille et refusent d'être dérangés dans leurs habitudes. Ils résistent, et comme ils sont plus nombreux, c'est eux qui gagnent la partie.

Comment entraîner toute cette population intérieure, c'est cela qui est difficile, mais c'est cela aussi notre travail : chercher à pénétrer suffisamment en nous-même et établir des relations avec les cellules de tous nos organes afin qu'elles deviennent plus réceptives et acceptent de nous soutenir sur le chemin de la lumière.

Celui qui sait se pencher sur ses frères humains et supporter leurs faiblesses, leurs lacunes, les difficultés qu'ils lui créent, attire la bienveillance et le soutien des entités célestes. Alors, n'imitez jamais ces gens qui refusent de se lier aux autres sous prétexte qu'ils leur sont inférieurs. Ils ne savent pas, ces ignorants, qu'ils transgressent ainsi la loi de l'échange, et qu'en conséquence le monde divin refusera de faire des échanges avec eux.

C'est à chacun de découvrir comment il doit établir de vrais contacts avec les autres. Que le savant donne ses connaissances, que le sage donne sa lumière et que ceux qui les reçoivent se réjouissent d'avoir été éclairés ! Que le fort soit heureux de soutenir le faible et le riche d'aider le pauvre, et que le faible et le pauvre soient reconnaissants de se sentir secourus ! Tous ceux qui, dans quelque domaine que ce soit, refusent de faire circuler leurs richesses ne sont que des eaux stagnantes, des marécages : ils ne découvriront jamais le sens de la vie, car ils ignorent la loi puissante de l'échange. Ce sont ces échanges sincères, fraternels, qui procurent le vrai bonheur.

15 Juillet

Vous savez déjà beaucoup de choses, mais vous ne savez pas que vous savez. Ces connaissances viennent de très loin, quand vous étiez encore au sein de l'Éternel dans la lumière, l'amour et la beauté. Là, vous avez tout appris de votre origine divine, de votre prédestination, du travail que vous devrez faire sur la terre pour manifester toutes les puissances de votre âme et de votre esprit. Mais en descendant vous incarner dans la matière, vous avez presque tout oublié, c'est pourquoi vous avez besoin d'un Maître, d'un instructeur qui vous rappelle ce que vous aviez déjà appris sur vous-même et sur le sens de la vie.

Vous avez tous fait cette expérience : devant certaines explications, certaines vérités que vous lisez ou que vous entendez, quelque chose en vous s'exclame : « Mais ça, je le savais ! » Oui. Il fallait seulement qu'on vous le rappelle, comme on ranime les braises sous la cendre.

Chaque domaine exige qu'on connaisse quelles méthodes et quels outils utiliser. Vous direz : « Mais tout le monde le sait ! » Non, beaucoup de spiritualistes font comme celui qui, ayant faim, concentrerait sa pensée pour attirer la nourriture sur sa table, alors qu'il n'a qu'à se lever pour aller la trouver dans les placards. Ils ont des bras, des jambes, des yeux, des oreilles, une bouche pour obtenir ce dont ils ont besoin dans le plan matériel, mais au lieu de travailler ils préfèrent importuner le Ciel de leurs réclamations : « Seigneur, donne-moi le succès… Seigneur, fais que je gagne plus d'argent… Seigneur, rends-moi la santé… Seigneur, envoie-moi des amis… » Mais le Ciel n'est pas content, il dit : « Écoute, mon vieux, on t'a tout donné pour que tu puisses obtenir ce que tu souhaites. Pourquoi te montres-tu tellement ignorant et paresseux ? »

Quand il s'agit de progresser spirituellement, c'est de la pensée (la méditation, la prière, la contemplation) qu'il faut se servir. Mais pour le reste, il n'y a qu'à se retrousser les manches et se mettre au travail.

Le Créateur a donné une conscience à toutes ses créatures. Oui, même aux pierres, aux rochers, aux métaux ; seulement leur conscience est extérieure à eux, elle se situe très loin, aux confins de l'univers, c'est pourquoi ils sont dans cet état d'inertie. La conscience des plantes se trouve au centre de la terre, et pour leur parler, pour qu'elles nous comprennent et qu'elles agissent, c'est là que nous devons aller les toucher. Les animaux, eux, ont une conscience collective : chaque espèce possède une âme-groupe qui la dirige. Si on constate chez les animaux des périodes pour la procréation, pour la ponte, pour les migrations, pour la mue, etc., c'est parce qu'ils obéissent à une âme-groupe en dehors d'eux.

Les pierres, les plantes, les animaux ont donc une conscience qui leur est extérieure. L'être humain est le seul en qui la conscience soit entrée, le seul qui possède une conscience individuelle, c'est pourquoi il est un être pensant doué d'une volonté propre. Alors, c'est clair, tout ce qui existe possède bien une conscience, mais suivant le degré d'évolution cette conscience est plus ou moins proche ou lointaine.

Certaines personnes se plaignent de ce que la pratique de la spiritualité ne leur apporte pas grand-chose. Mais dans quel état seraient-elles si elles n'avaient jamais fait d'efforts pour discipliner leur vie intérieure ? Au moins, les quelques règles qu'elles essaient d'appliquer, les exercices qu'elles font, les mettent sur la voie de la santé, de la paix, de l'espérance. Qu'elles abandonnent la vie spirituelle et elles verront si ce sera mieux.

Je vous donnerai un exemple : vous respirez, vous mangez, vous dormez et vous dites que cela ne vous a rendu ni plus intelligent, ni plus riche, ni plus puissant. Mais ne respirez pas, ne mangez pas, ne dormez pas, et on verra où vous serez : au cimetière ! On mange, on boit, et on ne voit aucun changement. Mais si on n'avait ni mangé, ni bu, là oui, il y aurait eu de grands changements ! Alors, ne dites pas que la spiritualité ne vous apporte rien ; elle vous soutient, elle vous garde sur le bon chemin, et au moins vous êtes encore en vie, au moins vous avez encore l'espoir, la lumière. Avec toute cette lumière vous ne vous sentez pas éclairé ? Mais alors, qu'est-ce que ce serait sans elle ?

Contrairement à ce que beaucoup imaginent, la sagesse n'est ni triste ni morose, parce que dans la sagesse, la vraie sagesse, il y a aussi de l'amour : le cœur et l'intellect travaillent ensemble. La lampe du sage ne projette pas uniquement la lumière froide de l'intellect qui raisonne, qui relève et souligne les moindres imperfections ; elle brille, mais en même temps elle répand sa chaleur, son amour, et c'est pourquoi elle est gaie. Oui, la lampe du sage est pleine de gaieté. Comme le soleil.

Objectivement, le soleil qui brille dans le ciel n'a que l'apparence d'une boule de feu ; mais alors, pourquoi les enfants qui le dessinent lui font-ils un large sourire ? Instinctivement, les enfants ont compris quelque chose de très important : dans la lumière du soleil ils sentent qu'il y a de la gaieté. Comme il y a aussi de la gaieté dans la flamme dansante d'une lampe.

Pour nous protéger du mal, nous ne sommes pas nous-mêmes tellement bien équipés. Le mal, lui, est bien armé, il possède un arsenal inouï devant lequel nous sommes impuissants. C'est pourquoi, dans cette lutte inégale, il faut demander au Seigneur de devenir notre allié. Que fait un pays quand il est attaqué par des ennemis ? Il se cherche des alliés. C'est instinctif, quand ils sont dans les difficultés, les humains ont cette sagesse millénaire de toujours chercher des alliés ; ils sentent que, seuls, ils sont trop vulnérables.

Alors, nous aussi, nous devons savoir que le mal a tellement de ressources que nous n'arriverons jamais à le vaincre en restant isolés. La solution, c'est de nous lier au Seigneur, aux entités célestes, aux archanges, aux divinités, de leur donner à eux la possibilité de combattre le mal… Et nous, pendant ce temps, nous sommes des spectateurs, nous assistons au combat et nous regardons comment le Ciel, c'est-à-dire le côté divin en nous, notre Moi supérieur, est en train de remporter la victoire.

21 Juillet

Quel enseignement les animaux peuvent être pour nous ! Certains ont des mœurs, des comportements, des traits de caractère qui nous donnent vraiment à réfléchir.

Regardez les chauves-souris, par exemple. Elles peuvent être des dizaines, des centaines à voler dans l'obscurité d'une grotte étroite, mais elles ne se cognent jamais aux parois et elles ne se heurtent pas non plus entre elles, car elles possèdent une sorte de radar qui leur permet d'éviter les obstacles. La chauve-souris, voilà un exemple sur lequel les humains devraient méditer, eux qui ne savent mesurer ni leurs gestes, ni leurs paroles, ni leurs regards ! Ils ne font que se froisser, se bousculer, se heurter. Vous en savez quelque chose, n'est-ce pas ? Eh bien, se mouvoir avec adresse parmi les autres est tout un art auquel vous pouvez vous exercer, en développant en vous ce radar qui s'appelle le respect, l'attention…

Ne croyez pas que vous allez découvrir à l'extérieur de vous ce que vous n'avez pas d'abord trouvé en vous. Oui, car même ce que l'on rencontre à l'extérieur, on passe à côté sans le voir si on ne l'a pas déjà trouvé intérieurement. Ainsi, plus vous découvrez la beauté intérieurement, plus vous la découvrirez autour de vous. Peut-être pensez-vous que si vous ne l'avez pas vue avant, c'est qu'elle n'y était pas… Si, elle était là, mais vous ne la voyiez pas parce que c'était en vous qu'il manquait quelque chose. Maintenant que vous avez découvert la beauté en vous, vous la voyez à l'extérieur aussi.

Tout ce que nous sommes capables de voir dans le monde extérieur n'est qu'un reflet de notre monde intérieur. Donc, ne vous attendez pas non plus à rencontrer l'amour, la sagesse, la pureté, la vérité, etc., si vous n'avez pas d'abord fait l'effort de les chercher et de les développer en vous.

Le disciple d'une École initiatique s'efforce d'étudier comment l'univers a été créé, de quelles régions il est constitué et quelles créatures peuplent ces régions. Il comprendra alors qu'il se trouve dans le corps de la nature vivante et qu'il doit s'harmoniser avec lui. Ceux qui, par leur attitude anarchique, produisent trop de troubles dans l'organisme cosmique, la nature les rejette. Oui, la nature prend une purge, et ils sont expulsés.

Les anarchistes ne sont jamais acceptés longtemps. Si ce ne sont pas les humains qui les combattent, c'est la nature elle-même, parce qu'elle ne tolère pas la désharmonie ; c'est comme une tumeur, un cancer dans son corps, et elle y remédie. Qu'est-ce que vous croyez ? Elle sait se défendre, la nature. C'est pourquoi rien n'est plus important que de vivre en harmonie avec ce grand corps cosmique dans lequel nous sommes logés et nourris.

Grâce à la chimie et à différentes techniques, la médecine a fait de grands progrès, on ne peut pas le nier. Mais la meilleure médecine est de placer les êtres dans des conditions qui renforcent les systèmes de défense de leur organisme, c'est-à-dire, tout simplement, qui renforcent la vie en eux. Oui, seule la vie est réellement puissante. Regardez comment elle s'y prend pour cicatriser les plaies, crever un abcès, faire pousser une nouvelle peau…

Et pourtant, cette vie tellement précieuse, c'est elle la plus négligée. Les humains se livrent à toutes sortes d'activités désordonnées dans lesquelles ils gâchent leur vie : ils l'appauvrissent, l'épuisent au point qu'elle n'est plus capable de remédier à la moindre indisposition. Alors, ils ont recours à des cachets, des pilules… Mais ce sont des substances mortes ! Et si on les prévient : « Attention, vous êtes en train de perdre toutes vos énergies ! » ils sont étonnés. « Mais comment ! Les énergies sont faites pour être dépensées ! » D'accord, mais dépensées raisonnablement, et non dilapidées.

Un instinct millénaire pousse les humains à se laisser aller à leurs impulsions, même les plus inférieures. Avec le temps, ils ont éprouvé le besoin de se donner quelques règles morales, non parce que cela leur faisait plaisir, mais parce qu'ils y trouvaient certains avantages : par exemple, si le vol et les agressions de toutes sortes sont interdits et punis, la société se sent plus en sécurité. Mais cet état « moral » est encore loin d'être parfait ; les humains essaient toujours d'arranger leurs affaires aux dépens des autres et de les éliminer, s'ils le peuvent. Bien sûr, c'est rarement dans le plan physique qu'ils le font, car ils risquent d'être attrapés et punis, mais dans d'autres plans où ils courent beaucoup moins de risques : ils volent les pensées, ils volent les sentiments des autres, ou même ils les salissent, les découragent ou les massacrent par leurs paroles et leurs écrits.

Ce sont donc les mêmes instincts qui se manifestent, les mêmes crimes qui se commettent, mais sous des formes et dans des domaines plus subtils. Tant que les humains ne seront pas instruits dans la Science initiatique pour apprendre comment donner une direction spirituelle à leurs instincts, leurs pulsions inférieures resteront des forces destructives qui atteindront toujours leur but.

Quoi de plus terrible pour un être humain que de voir arriver sa fin prochaine en ayant la sensation qu'il a gâché sa vie ? Il fait un retour sur son passé, et c'est comme si tout se réduisait en poussière entre ses doigts. Même ceux dont on dit qu'ils ont eu une existence bien remplie peuvent, à la fin, ne plus éprouver qu'une sensation d'inutilité et de vide.

La balance sur laquelle le dieu Osiris dans la religion égyptienne, ou l'archange Mikhaël dans la religion chrétienne, pèse les âmes pour décider de leur sort dans l'au-delà, se trouve tout d'abord en l'homme. Oui, cette pesée se fait d'abord en nous. C'est pourquoi tellement de gens, arrivés à la fin d'une existence débordante d'activités, sont obligés de faire la même constatation que le roi Salomon dans l'*Écclésiaste : « Vanité des vanités, tout est vanité. »*

La richesse, la puissance, le savoir, la beauté… tous ces avantages qui vous paraissent tellement désirables, ne vous lancez pas à leur recherche, car ils ne suffisent pas à satisfaire l'âme humaine, et leur possession la laisse affamée.

Pour ne pas dépenser inutilement votre temps et vos énergies, vous devez désirer quelque chose d'irréalisable, d'éternellement inaccessible, et cet idéal inaccessible, c'est Dieu Lui-même. Entre Dieu et nous s'étend un espace infini. Mais à travers cet espace, il y a un fil tendu, un chemin à suivre. En nous dirigeant vers ce point qui est Dieu, nous passerons obligatoirement par toutes sortes de stations, et ces stations sont l'amour, la beauté, la puissance, le savoir, la force. Tous ces trésors auxquels nous aspirons, nous les trouverons sans les avoir cherchés, parce qu'ils nous attendent sur la route qui conduit à Dieu.

D'une certaine façon, la mort n'existe pas : elle est contenue dans la vie, elle n'est qu'un changement de plan et de vêtements, afin que nous progressions dans la compréhension de la vie.

Chaque fois qu'un comédien doit interpréter un nouveau rôle, il change de costume, mais aussi de partenaires, et ce nouveau rôle lui apprend quelque chose de plus sur lui-même et sur les autres. Eh bien, nous non plus, nous ne pouvons pas nous éterniser dans un rôle et, après un certain temps, nous devons quitter la scène du monde. On appelle cette sortie de scène la mort, mais en réalité seule existe la vie ininterrompue. Le comédien continue à vivre après le spectacle… Il faut s'habituer à voir l'existence comme une continuité. Les humains ont la mauvaise habitude de tracer partout des frontières : frontières entre le spirituel et le matériel, entre la veille et le sommeil, entre la vie et la mort… Non, l'existence est une.

29 Juillet

Imaginez que vous ayez mis en terre les graines d'une plante dont vous savez qu'elle donne des fleurs magnifiques, mais vous ignorez qu'elle ne fleurit que tous les cent ans. De telles plantes sont rares, mais il en existe. Alors, vous attendez, inquiet, troublé… Votre impatience prouve seulement que vous ne connaissez pas la nature de cette plante qui donne de si belles fleurs. Et voici d'autres graines qui donnent des fleurs déjà au bout de quelques semaines ; bien sûr, cela vous plaît mieux, mais ces fleurs sont plus communes…

Toute activité dans laquelle vous vous engagez est comme une graine que vous mettez en terre. Si vous obtenez rapidement des résultats, vous êtes satisfait ; mais demandez-vous quelquefois si les graines qui se développent rapidement sont les meilleures. Souvent, c'est plutôt le contraire.

Le matin, quand vous regardez le soleil se lever, pensez que ces rayons qui viennent jusqu'à vous sont des créatures vivantes qui peuvent vous aider à résoudre vos problèmes de la journée. Mais seulement les problèmes de la journée, pas ceux du lendemain. Le lendemain, vous devrez à nouveau aller les consulter, et encore pour une journée seulement. Ces entités ne vous répondront jamais pour deux ou trois jours à l'avance. Elles diront : « Inutile de faire des provisions pour plus d'un jour. Quand vous reviendrez demain, nous vous répondrons. »

Chaque jour nous mangeons, et nous ne faisons pas dans notre estomac des provisions pour une semaine, mais seulement pour la journée, et le lendemain nous recommençons. Eh bien, avec la lumière ce doit être la même chose, car la lumière est une nourriture que nous devons chaque jour absorber et digérer pour qu'elle devienne en nous sentiments, pensées, inspirations… Pourquoi n'a-t-on pas envers la lumière la même logique qu'envers la nourriture ?

L'univers psychique de l'être humain est peuplé de créatures invisibles. Ses sensations de bien-être et de joie ainsi que ses souffrances et ses chagrins lui sont apportés par des entités que ses pensées, ses sentiments, ses désirs ou ses activités ont attirées. Si celui qui souffre d'inquiétude, d'angoisse était clairvoyant, il verrait des êtres grimaçants qui viennent le piquer, le mordre, le griffer, le tourmenter de toutes les façons. Ces êtres, la tradition ésotérique les a appelés les indésirables ; ils s'approchent des humains en se disant : « Ah, cette bonne femme, ce bonhomme-là, ils nous intéressent ! Allons un peu leur faire des misères, ce sera amusant de voir comment ils crient et gesticulent. »

Eh oui, voilà ce qui se passe quand vous êtes malheureux, tourmenté. Et quand vous ressentez une grande joie, si vous étiez clairvoyant aussi, vous verriez une multitude de créatures ailées accourir auprès de vous, chargées de présents de lumière… Et elles chantent, elles dansent, en laissant sur leur passage des traînées de couleurs chatoyantes et les parfums les plus délicieux.

Faites cette expérience : pendant au moins une semaine essayez, en toute occasion, de vous conduire avec maîtrise, sagesse, bonté, générosité. Après ces quelques jours, vous sentirez que vous avez acquis la possibilité d'affronter l'existence dans de meilleures conditions.

Dès que vous arrivez à améliorer votre comportement, vous êtes habité par une force nouvelle qui soutient, protège votre système nerveux ; vous êtes davantage capable d'assumer vos responsabilités et de faire face aux différentes situations qui se présentent à vous. Vous sentez qu'intérieurement une structure est en train de s'édifier, de se consolider, elle vous maintient plus fermement, elle vous donne la possibilité de résister aux épreuves et aux obstacles. Alors, même s'il vous arrive d'être troublé, fatigué, découragé, cela ne dure pas : après une prière, un moment de recueillement, très vite cette force se remet à travailler en vous pour tout rétablir.

Ne dites pas que chez toutes les personnes qu'il vous arrive de critiquer vous n'avez pas noté au moins une qualité : un don artistique, le goût de l'ordre et de la propreté, le sérieux dans le travail, la fidélité, etc. Les domaines ne manquent pas où les humains peuvent utilement ou agréablement se manifester. Eh bien, pour chacun, concentrez-vous au moins sur une qualité, et cherchez même comment vous pouvez l'aider à la développer ; ce sera plus profitable pour lui, et pour vous aussi.

L'évolution de chacun contribue à l'évolution de tous. Plus vous avancez, plus vous entraînez les autres avec vous. Le comportement de chacun réagit sur le monde entier. Et si les défauts de certaines personnes vous dérangent tellement, voilà une raison de plus pour vous améliorer et leur envoyer de bonnes pensées.

Arrêtez-vous de temps à autre pendant la journée pour vous analyser et voir ce qui prend la prépondérance en vous : l'esprit ou la matière. On ne peut pas échapper à l'emprise de la matière : nous avons tous un corps physique qui a besoin de manger, de boire, de faire de l'exercice, de se détendre, de dormir, et nous n'avons pas à lui imposer des privations inutiles. Le corps physique doit être en bonne santé pour servir de point d'appui, de support à l'esprit, mais il n'est pas nécessaire pour cela de lui consacrer tellement de temps et d'attention.

Donc, surveillez-vous, et quand vous vous rendez compte que la vie divine, la vie de l'esprit se ralentit, parce que le corps physique est là sans cesse à faire entendre ses réclamations, tâchez de vous ressaisir pour que cela ne dure pas. Quand vous pouvez satisfaire votre corps physique et qu'en même temps vous sentez cet élan, ce jaillissement, cette lumière qui sont les manifestations de l'esprit, alors réjouissez-vous, car un jour c'est lui, l'esprit, qui triomphera.

Vous avez peut-être des parents, des amis, qui ne sont pas d'accord avec la voie spirituelle que vous avez décidé de suivre. Ne renoncez pas à leur parler, essayez de leur faire comprendre pourquoi vous avez choisi cette voie. Il n'est pas nécessaire de leur faire la morale ou de longs discours, mais de temps en temps, dans la conversation ou à propos d'un événement, glissez quelques mots. Même s'ils protestent ou font semblant de ne pas entendre, la pensée que vous aurez formulée laissera une empreinte bénéfique en eux.

Sinon, savez-vous ce qui peut se produire ? Quand ces êtres auront quitté la terre, ils continueront à vouloir vous détourner de votre idéal et ils viendront s'insinuer en vous en présentant leurs arguments. Et là, quand ils auront réussi à vous inspirer des doutes, vous croirez que ces doutes viennent de vous et vous finirez par capituler.

Vous rencontrez chaque jour un certain nombre de personnes que vous saluez et qui vous rendent votre salut. Si on doit se saluer, c'est pour se donner mutuellement quelque chose de bon. Celui qui donne un salut ou serre une main machinalement, négligemment, en restant distant, fermé, fait un geste inutile ou même nocif.

Alors, désormais, tâchez d'être plus conscient, plus vigilant, en sachant qu'un salut peut être un geste formidablement significatif et opérant, par lequel vous encouragez, vous consolez, vous vivifiez les créatures en leur donnant beaucoup d'amour. Il faut qu'un salut soit puissant, harmonieux, vivant, afin de devenir une vraie communion.

Jésus disait : *« Si ton œil est pur, tout ton corps sera dans la lumière. »* Mais ce que Jésus appelle « œil » est un organe spirituel, différent de nos yeux physiques. Nous travaillons à la purification de cet œil en nourrissant des pensées, des sentiments, des désirs désintéressés, avec la conviction que c'est cet œil aussi qui nous protège, parce qu'il nous surveille.

Dans la vie courante, celui qui est consciencieux, responsable, honnête, n'a pas besoin d'être surveillé, il se conduit et agit même mieux en se sentant libre. Mais dans le plan spirituel où tout est beaucoup plus difficile, l'être humain doit avoir atteint un très haut degré de développement pour n'avoir plus besoin d'être surveillé. En attendant, la surveillance de son œil intérieur est sa sauvegarde. Un des symboles de cet œil intérieur est l'œil de Dieu placé au centre d'un triangle. Et cette surveillance, il doit non seulement l'accepter, mais la rechercher.

Combien de personnes cherchent un Maître sans savoir ce qu'ils doivent attendre de lui ! En quelques mots, on peut dire qu'un Maître véritable est un être qui pendant des millénaires a travaillé à triompher de toutes les passions humaines. C'est pourquoi il émane de lui quelque chose de lumineux, de pur, et en venant auprès de lui, en écoutant sa parole, ses disciples, qui reçoivent une petite parcelle de sa vie, évoluent beaucoup plus rapidement.

Sinon, à quoi croyez-vous que peut vous servir un Maître ? Il ne s'occupe pas de vous donner des richesses, ni une situation, ni des femmes ou des maris ; son souci, c'est de vous communiquer des particules d'une nature supérieure qui vibrent en harmonie avec le Ciel. Et si vous pouvez recevoir ces particules, si vous pouvez les conserver et même les amplifier, avec le temps vous sentirez que vos pensées, vos sentiments et même votre santé, tout s'améliore. Auprès d'un Maître, vous ne devez chercher que des conditions pour vivre la vie divine.

Un jour où le prophète Mahomet marchait dans la ville en compagnie d'un de ses disciples, on raconte que, brusquement, un homme se dressa devant eux et s'en prit au disciple en termes très grossiers. Le disciple écouta d'abord calmement en s'efforçant de contenir sa colère, mais bientôt, incapable de se maîtriser, il se mit à riposter. Après s'être menacés et traités de tous les noms, les deux finirent par se quitter, mais le disciple s'aperçut que son Maître n'était plus là et il partit à sa recherche…

Quand il le retrouva plus loin, assis au coin d'une rue, le disciple dit à Mahomet : « Ô mon Maître, pourquoi m'as-tu laissé ? » Et Mahomet lui répondit : « Il est dangereux de rester entre deux animaux furieux. Lorsque cet homme t'injuriait et que tu te taisais, tu étais entouré d'entités invisibles qui répondaient à ta place et qui te protégeaient. Mais quand tu as commencé toi aussi à crier en voulant toi-même te défendre, ces entités t'ont quitté et moi aussi avec elles, car tu révélais par ta conduite que tu n'avais pas besoin de nous. »

Tant que les humains n'auront pas compris qu'ils doivent avoir un haut idéal, une idée divine qui éclaire et purifie leur atmosphère intérieure, quoi qu'ils fassent, ils seront toujours insatisfaits. On le voit : même en vacances, même dans les meilleures conditions, à la campagne, au bord de la mer, à la montagne, il leur manque quelque chose. Oui, même en dehors des bureaux, des ateliers, des usines, ils sont malheureux. Tant qu'ils n'auront pas d'attache dans le monde spirituel, aucun moyen matériel ne pourra les réconforter ; quoi qu'ils fassent ils souffriront.

Bien sûr, personne ne peut prétendre que l'existence des ouvriers, par exemple, est magnifique, et qu'il n'y a pas dans la société d'énormes injustices auxquelles on doit remédier. Mais c'est une autre question. La vérité, c'est que de la façon dont on envisage ces problèmes, même si on apporte de grandes améliorations matérielles, on constatera toujours les mêmes mécontentements, ou pire encore. La preuve : tant de questions matérielles ont été résolues depuis des années et les gens ne se disent ni plus heureux ni plus satisfaits. C'est donc bien que ce qui leur manque est d'une autre nature.

10 Août

N'essayez pas de lutter contre la force sexuelle, car non seulement vous n'arriverez pas à la vaincre, mais c'est elle qui va vous terrasser. Le seul moyen de la maîtriser est de vous trouver un allié, un associé très puissant vers lequel vous orientez cette force et à qui vous la consacrez. C'est lui qui, grâce à son savoir alchimique, parviendra à la transformer en lumière, en beauté, en santé.

Et qui est cet associé ? Un haut idéal, une idée sublime avec laquelle vous vivez, que vous chérissez, que vous nourrissez. C'est cette idée qui est seule capable de transformer cette énergie, pas vous. Oui, si au moment où vous ressentez une impulsion sexuelle, vous vous concentrez sur votre idéal, cette énergie remonte vers le cerveau pour l'alimenter ; quelques minutes après, vous remportez la victoire, et non seulement vous êtes libéré, mais vous vous sentez renforcé, inspiré. Prenez cette habitude de faire converger toutes vos énergies vers un idéal divin, et au lieu de vous terrasser, ce sont elles qui vous serviront et qui contribueront à la réalisation de votre idéal.

Nos faiblesses, comme nos vertus, sont des entités vivantes qui ont élu domicile chez nous. Au fur et à mesure que nous faisons des efforts pour nous améliorer, les entités ténébreuses sont obligées de nous quitter, car notre atmosphère intérieure leur devient irrespirable. Elles ne supportent pas cette pureté, cette lumière que nous nous efforçons d'introduire en nous, et elles prennent la fuite. Mais une fois dehors, elles cherchent de nouveaux domiciles en s'introduisant chez d'autres personnes, et c'est à travers ces personnes qu'elles essaient alors de nous nuire.

Vous direz : « Mais alors, à quoi cela sert-il de chasser ces entités si elles doivent continuer à nous poursuivre ? » En réalité, les préjudices causés sont moins grands que lorsqu'elles occupaient notre demeure ; et puisque nous avons vaincu ces ennemis à l'intérieur, nous sommes plus forts pour les vaincre à l'extérieur. Arriverons-nous à en être définitivement débarrassés ? Non, tant qu'on est sur la terre, on rencontre des difficultés et des adversaires.

12 Août

Dans certaines régions du monde, les cimetières sont plantés d'arbres fruitiers et il n'est pas interdit à ceux qui visitent ces cimetières d'en cueillir les fruits pour les manger. Vous pensez peut-être : « Manger les fruits des arbres qui poussent au milieu de cadavres, quelle horreur ! » Mais d'où croyez-vous que viennent les fruits que vous mangez ? Depuis des milliers d'années, combien de générations d'êtres humains se sont succédé sur la terre… ? Et où pensez-vous que sont leurs corps… ? La terre entière n'est qu'un cimetière. Partout où nous allons, nous marchons sur des cadavres, et l'essentiel de notre nourriture pousse sur des cadavres. Seulement voilà, les plantes sont de grandes alchimistes, elles transforment tout. Qu'on leur donne des engrais chimiques, des détritus ou des cadavres, elles en font des fleurs et des fruits.

Donc, quand vous voyez des arbres fruitiers couverts de fruits mûrs, pensez à ce travail de transformation qu'ils sont capables de faire. Approchez-vous d'eux et demandez-leur de vous aider à réaliser vous aussi ce travail en vous-même, afin de donner de beaux fruits parfumés et savoureux : des pensées lumineuses, des sentiments chaleureux.

La spiritualité ne se limite pas aux exercices dits spirituels : la méditation, la prière… En réalité, n'importe quelle activité de la vie quotidienne peut être spiritualisée si on sait y introduire un élément divin. Et inversement, la prière, la méditation ou toute autre activité dite « spirituelle » peut devenir extrêmement prosaïque si elle n'est pas animée, soutenue par une idée sublime, un idéal supérieur.

La spiritualité ne consiste pas à négliger ou mépriser le monde matériel, mais à toujours nous efforcer d'agir avec la lumière et pour la lumière. À cette condition, même l'activité la plus ordinaire peut servir à nous élever, à nous harmoniser, à nous lier au monde divin.

En tant que créatures, nous avons tous besoin, pour subsister, de recevoir des éléments de la création : la nourriture, l'eau, l'air, le soleil, etc., ainsi que de nous servir de toutes les richesses que peut nous fournir la matière. Seul le Créateur échappe à cette loi : Il n'a besoin de rien d'extérieur à Lui. Oui, mais comme Il a laissé quelque chose de sa quintessence dans chaque créature, une étincelle, un esprit qui est de même nature que Lui, par son esprit chaque être humain peut lui-même devenir créateur.

Alors, pensez-y désormais. Au lieu de toujours tout attendre de l'extérieur, efforcez-vous d'agir intérieurement par votre pensée, votre volonté, afin de capter le plus grand nombre d'éléments dont vous avez besoin pour vous nourrir physiquement et psychiquement. L'enseignement des Initiés a toujours été l'enseignement de l'esprit créateur, et celui qui accepte cet enseignement sera toujours fort, libre, au-dessus des circonstances.

Des chants mystiques que nous exécutons avec la conscience de leur pouvoir et le désir de nous harmoniser avec l'ordre cosmique, attirent les anges. Ils s'approchent et disent : « Voilà un lieu pour nous. » Ils commencent à s'installer dans les régions supérieures de notre cerveau où ils apportent aussi leurs instruments, leurs violons, leurs harpes… et ils se mêlent à nos voix. Alors, quand elles sentent la présence de ces visiteurs royaux, les entités obscures qui traînaient encore par là comprennent qu'il n'y a plus de place pour elles, et elles s'éloignent.

Je me souviens de cette époque où, dans les villes et les villages de Bulgarie, il y avait encore des musiciens et des chanteurs de rue. Les passants leur donnaient quelques sous ; et parfois aussi une fenêtre s'ouvrait, laissant apparaître le visage d'une jolie jeune fille qui lançait des pièces en souriant. C'est une image de ce qui se passe dans le monde spirituel. Nous chantons sous les fenêtres des palais célestes et les anges nous jettent des pièces de monnaie : des joies, des lumières.

En regardant le matin le soleil se lever, concentrez-vous sur lui et dites : « Comme le soleil se lève sur le monde, que le soleil spirituel de l'amour, de la sagesse, de la vérité, se lève dans mon cœur, dans mon âme et dans mon esprit. » Ces paroles prononcées favorisent la réalisation : de même que le soleil se lève dans la nature, le soleil spirituel se lèvera en vous. Pendant la période de la lune croissante, le soir, avant de vous endormir, dites : « Comme la lune se remplit, que mon cœur se remplisse d'amour, que mon intellect se remplisse de lumière, que ma volonté se remplisse de force, que mon corps physique se remplisse de santé et de vigueur. » Et au printemps, quand apparaissent les premières feuilles et les premières fleurs, dites : « Comme la nature s'épanouit, que tout mon être s'épanouisse et fleurisse, que toute l'humanité vive dans l'éternel printemps ! »

Être attentif à la vie de la nature, s'associer à elle et prononcer de telles formules, c'est cela la véritable magie blanche. Et vous deviendrez des fils de Dieu, des filles de Dieu, car sans cesse par la parole créatrice, la parole qui a créé le monde, vous créerez partout un monde nouveau.

Aider le monde entier, apporter la lumière et la paix à tous les humains, vous dites que ce n'est pas possible, ils sont tellement nombreux ! Bien sûr, si vous présentez le problème de cette façon, il est impossible de faire quoi que ce soit. Mais si vous connaissez certaines méthodes, cela devient possible.

Essayez, par exemple, d'imaginer l'humanité comme un seul être. Oui, imaginez le monde entier comme un être qui est là, près de vous, et vous lui tenez la main en lui donnant beaucoup d'amour… À ce moment-là, de petites particules de votre âme s'en vont dans toutes les directions de l'espace, et ce que vous faites pour cet être se reflète sur tous les hommes et les femmes dans le monde qui, peu à peu, commenceront à avoir d'autres pensées, d'autres désirs, meilleurs, plus généreux. Si nous étions des centaines, des milliers à faire cet exercice, un souffle nouveau, un souffle divin passerait à travers toutes les créatures et, un jour, elles se réveilleraient véritablement transformées.

Pourquoi tant de personnes souffrent-elles de déséquilibres psychiques ? Parce qu'elles ont trop développé en elles le côté féminin qui est passif, réceptif. Elles s'ouvrent ainsi sans discernement à toutes les influences, et après quelque temps elles ne savent plus où elles en sont, elles se sentent partir dans tous les sens. Il faut donc qu'elles s'analysent, qu'elles étudient les effets, sur leur vie intérieure, des influences qu'elles ont reçues, qu'elles conservent uniquement les influences bénéfiques et repoussent les autres. Autrement dit, elles doivent développer le principe masculin qu'elles possèdent aussi.

Développer le principe masculin, c'est ce que devraient particulièrement apprendre les personnes qui ont une grande sensibilité ou même des facultés médiumniques : ces facultés sont spécifiquement féminines dans la mesure où elles supposent la réceptivité. La boule de cristal, qui est utilisée par certains médiums comme support de leur voyance, est l'équivalent du principe féminin dans la nature : l'eau. Le médium est réceptif aux esprits et aux courants du monde invisible. Mais ces esprits et ces courants ne sont pas tous lumineux, purs, bénéfiques, et les personnes qui possèdent des dons médiumniques doivent apprendre non seulement à les discerner, mais aussi à développer leur volonté pour pouvoir repousser les esprits et les courants ténébreux.

Pour que des éléments tiennent ensemble il faut qu'une pensée, une force ou une entité en assure la cohésion, sinon ils s'éparpillent. Donc, pour qu'un être soit vivant, il faut qu'il y ait quelque part un point, un centre qui maintienne ensemble toutes les cellules de son corps, et c'est ce point, ce centre qu'on appelle l'esprit. Au moment où l'esprit quitte le corps, il n'y a plus aucune cohésion entre les particules, et l'organisme se désagrège. C'est une loi que l'on observe dans tous les domaines : mécanique, astronomique, physique, chimique, biologique, psychologique.

Celui qui comprend cette loi s'efforce de fonder sa vie sur un point unique, une idée fondamentale : il n'entretient plus dans sa tête et dans son cœur des éléments hétéroclites et même contradictoires qui finissent par se combattre entre eux, mais seulement une pensée, une idée divine autour de laquelle tout le reste vient se rassembler. À ce moment-là les puissances endormies en lui commencent à se réveiller et viennent le soutenir.

Parce qu'ils sont habitués à tout attendre du monde extérieur, que ce soit des êtres ou des choses, les humains ont toujours besoin de recevoir… Et même de prendre, car lorsqu'ils ne reçoivent pas ce qu'ils attendent, ils cherchent à l'obtenir par tous les moyens, même les plus illicites. Et voilà le mauvais côté de cette habitude de tout attendre de l'extérieur. Celui qui arrive à sentir qu'il possède tout en lui-même se trouve tellement riche qu'il éprouve le besoin de donner aux autres quelques-uns de ces trésors qu'il ne peut plus contenir.

Apprenez donc à chercher la richesse en vous-même. Au début, peut-être, vous ne trouverez pas grand-chose, mais peu à peu vous serez ébloui par l'abondance, la beauté de ce que vous arriverez à découvrir. Vous ne penserez plus alors qu'à le partager avec les autres, et en ayant ce besoin de toujours donner vous vous approcherez de la Divinité.

On ne peut pas prouver l'existence de Dieu par le raisonnement : les arguments dont on dispose sont si faibles ! Et on fait même injure au Seigneur en s'imaginant qu'un raisonnement, aussi subtil soit-il, arrivera à prouver qu'Il existe. Comment prouver à des aveugles la réalité de la lumière, si ce n'est en leur rendant la vue ?

Un Maître spirituel ne se préoccupe donc pas de prouver l'existence de Dieu ni, au-delà de notre monde physique, l'existence d'un monde que nous ne voyons pas. Il fait de l'existence de Dieu et du monde invisible la base implicite de son travail, c'est là-dessus qu'il construit. Lorsqu'il doit s'adresser à ses disciples, il ne se demande pas s'ils ont ou non la foi. Et c'est parce qu'il agit ainsi, qu'un jour Dieu ne sera plus un sujet de doute ou d'interrogation pour eux, et ils entreront en communication avec les réalités du monde invisible.

22 Août

Combien de fois vous êtes prêt à suivre les conseils de votre nature inférieure ! Dès qu'elle vous dit : « Regarde celui-là, il t'a trompé, il t'a lésé, il t'a calomnié, tu dois lui donner une bonne leçon », vous vous précipitez pour lui obéir, en croyant que vous avez pour vous le droit et la justice. Eh bien, non, et désormais vous devez être capable d'analyser d'où vient chaque impulsion : vous verrez que c'est le plus souvent votre moi inférieur qui vous conseille. Et à ce moment-là, sachez que vous n'arriverez à rien de bon. Il faut des années pour acquérir ce discernement, car ce n'est pas si facile, c'est même très subtil : la nature inférieure est capable de prendre tellement de voix et d'apparences trompeuses !

Un véritable Initié, justement, est un être qui s'est exercé toute sa vie à discerner si ses impulsions lui viennent de son moi inférieur ou de son Moi supérieur. Vous direz : « Seulement ça ? » Oui, mais tout dépend de ce discernement ! Tant qu'on ne travaille pas pour l'acquérir, on reste faible, chétif et malheureux.

Le ciel et la terre nous appartiennent. Oui, ils nous appartiennent, nous les possédons, mais intérieurement. Pourquoi devraient-ils nous appartenir extérieurement, matériellement ? Que ferions-nous de toutes ces mers, ces forêts, ces montagnes, ces étoiles ?

Imaginez un homme très riche qui possède un parc rempli de tout ce qui existe de plus beau : fleurs, arbres, oiseaux, fontaines, jets d'eau… Mais ses affaires l'obligent à courir le monde, et il passe son temps dans les avions ou en réunion dans des bureaux. Son parc, il n'a jamais le temps de s'y promener, et s'il lui arrive de le traverser, il est tellement absorbé par ses affaires qu'il ne voit rien. Mais voilà qu'un poète vient chaque jour dans ce parc : il est très pauvre, mais il trouve tout son bonheur dans le chant des oiseaux et des fontaines, la couleur et le parfum des fleurs, et il écrit des poèmes merveilleux. Alors, à qui appartient ce parc ? Au poète. Et l'autre, le propriétaire ?… Il paie les impôts !

La véritable puissance n'est pas fondée sur la force, mais sur l'unité, sur l'harmonie. Ne perdez jamais cette vérité de vue. Pensez à cette famille que vous devez former malgré tout ce qui pourrait vous séparer.

Le caractère, le degré d'évolution, la race, la religion, le milieu social, la profession… quand vous vous rencontrez, laissez tous ces détails de côté, ils n'ont qu'une importance secondaire. En tout cas ils ne jouent aucun rôle dans la vie spirituelle. Renforcez seulement dans vos cœurs la conviction que, malgré toutes vos différences, vous êtes des frères et des sœurs qui se réunissent pour faire un travail en commun : prier, méditer, chanter dans le but d'éveiller les consciences sur toute la terre. C'est à ce moment-là que vous représentez une puissance bénéfique.

Une des fonctions de la main est de nous permettre d'entrer en contact avec les êtres. Lorsque nous rencontrons des personnes de notre connaissance ou même des inconnus, nous leur adressons un salut ou nous leur donnons une poignée de main. Mais la main n'est pas seulement un moyen d'entrer en relation avec les êtres humains, grâce à elle nous pouvons entrer aussi en relation avec la nature.

Quand vous ouvrez votre fenêtre ou votre porte, le matin, habituez-vous à donner un salut au ciel, au soleil, aux arbres… Dites bonjour à toute la création. Vous demanderez : « Mais c'est utile ? Ça sert à quelque chose ? » Oui, ça sert à commencer la journée par un acte essentiel : vous vous liez aux sources de la vie. En réponse à votre salut, la nature entière s'ouvrira aussi à vous, elle vous enverra des énergies pour toute cette journée qui commence, et vous vous sentirez plus vivant.

Combien de problèmes peuvent se résoudre grâce à des méthodes très simples ! Et ces méthodes très simples sont généralement celles que donnent les sages. Mais qui les prend au sérieux ? Elles sont évidemment trop simples et les humains ne croient qu'à des solutions compliquées. Si, pour les libérer de leurs tourments, un sage, un Initié leur dit : « Fermez les yeux… apaisez-vous… respirez… envoyez votre amour à toute l'humanité, à toute la nature, mettez-vous en harmonie avec l'univers… » ils ne l'écoutent pas. Au lieu de mettre ces méthodes en pratique pour éprouver leur véracité, ils iront chercher de prétendus mages pour qu'ils leur donnent des formules kabbalistiques, leur préparent des talismans ou leur révèlent quelques secrets hérités des Tibétains ou des Aztèques. Mais il se peut que ces talismans et ces secrets n'aient aucune efficacité ou même leur soient nuisibles.

Pour obtenir de grands résultats et acquérir de grandes richesses spirituelles, il faut avoir de la considération pour des méthodes et des règles insignifiantes en apparence. Oui, insignifiantes en apparence, mais les plus efficaces en réalité, parce qu'elles sont fondées sur une connaissance exacte de l'être humain.

Chaque matin, au réveil, est-ce que vous êtes tout de suite conscient que vous êtes privilégié ? Vous avez des bras, des jambes, des mains, une bouche, des oreilles, des yeux… Supposez qu'un matin en vous réveillant vous constatiez que vous ne pouvez plus voir, ni entendre, ni remuer un membre… Ça peut arriver (et il peut aussi arriver de ne pas se réveiller du tout !)… Mais chaque matin vous vous réveillez avec toutes vos facultés, et vous n'en avez même pas conscience, vous n'êtes pas reconnaissant. Vous avez des trésors, vous avez des possibilités extraordinaires, et parce qu'il vous manque quelques sous ou que vous n'avez pas remporté les succès que vous espériez, vous êtes toujours là à vous plaindre, à vous révolter et à vous rendre malheureux. Réfléchissez un peu et vous allez mesurer cette ingratitude, ce manque d'intelligence.

Apprenez à remercier chaque jour. Dès le matin, quand vous vous réveillez et que vous constatez que vous êtes là, intact, avec toutes vos facultés, prêt à commencer une nouvelle journée, remerciez, et vous vous sentirez bienheureux…

« De faux prophètes viennent à vous en vêtements de brebis, mais au-dedans ce sont des loups ravisseurs. Vous les reconnaîtrez à leurs fruits. » Pour interpréter correctement ces paroles de Jésus, il faut être capable d'un véritable discernement et d'une grande largeur d'esprit. Sinon, c'est tellement facile de se servir de cette phrase pour appeler faux prophètes tous ceux qui apportent de nouvelles lumières afin de faire progresser l'humanité ! En réalité, Dieu n'a jamais cessé d'envoyer ses fils sur la terre. L'Église ne veut pas les reconnaître ? Eh bien, qu'elle ne les reconnaisse pas ! Cela n'empêchera pas Dieu, qui n'a pas à tenir compte des points de vue de l'Église, de continuer à envoyer de grands êtres porteurs d'amour et de lumière. Quelle tristesse et quelle étroitesse de penser qu'avant et après Jésus, les grands fondateurs de religions n'ont pas pu ou ne pourront jamais plus apporter la vraie lumière aux humains !

Dieu est amour, et parce qu'Il est amour, Il a toujours envoyé à ses enfants des prophètes, des Initiés, des grands Maîtres qui ont fait le sacrifice de renoncer aux joies du Paradis pour descendre les aider. Il en enverra encore d'autres, et c'est à leurs fruits, comme dit Jésus, qu'on les reconnaîtra.

Lorsque vous avez la révélation d'une vérité spirituelle, n'allez pas tout de suite en faire part aux autres afin de les persuader qu'ils doivent, eux aussi, l'accepter. Commencez par expérimenter longuement cette vérité, faites des exercices avec elle, jusqu'à ce qu'elle devienne chair et os en vous, qu'elle ne fasse plus qu'un avec vous. Si vous voulez tout de suite en convaincre les autres, vous la perdrez.

Quel que soit votre désir de partager vos découvertes, commencez par garder pour vous certaines vérités spirituelles. Vivez avec elles, faites-les vôtres, afin qu'elles vous éclairent, vous soutiennent et vous aident à triompher des épreuves que vous aurez à traverser. À ce moment-là non seulement elles ne vous quitteront plus, mais le jour où vous en parlerez aux autres, vous le ferez avec une telle conviction, un tel accent d'authenticité, que vous arriverez à les leur faire accepter.

Pour apprécier la valeur de quelqu'un, la majorité des gens s'arrêtent sur la situation sociale, la fortune, les diplômes, les manières plus ou moins sophistiquées, et c'est en fonction de ces avantages extérieurs qu'ils lui donnent des responsabilités ou lui accordent des privilèges. Voilà pourquoi, souvent, ils se trompent, parce qu'ils n'ont pas tenu compte de l'essentiel, le caractère.

Au contraire un Initié, pour se prononcer, ne tient compte que du caractère. Tout ce qu'une personne a pu acquérir ou recevoir de l'extérieur ne l'impressionne pas, car il est facile d'acquérir le talent, le savoir-faire, l'érudition ou même la fortune : quelques années ou même quelques mois, suivant les cas, suffisent. Mais il faut des vies et des vies de travail, d'efforts pour développer des qualités de désintéressement, de loyauté, de bonté, de générosité, de courage… Et les Initiés n'ont de considération que pour ces qualités.

Il y a des fleurs, il y a des arbres encore inconnus dans des endroits de la terre où l'homme ne s'est jamais aventuré et n'ira peut-être jamais. On se demande parfois à quoi peuvent bien servir ces plantes dont personne ne connaît l'existence, pourquoi elles sont là, inconnues, inutiles, à l'abandon. Eh non, en réalité aucune fleur, aucune plante ne reste ignorée dans la nature, aucune n'est abandonnée, sans utilité. Si ce ne sont pas des êtres humains, ce sont des entités du monde invisible qui viennent auprès des fleurs les plus cachées pour recueillir leurs émanations.

Pourquoi les humains seraient-ils les seuls à pouvoir connaître et utiliser les végétaux, ainsi que les minéraux et les animaux ? Il y a aussi toutes les entités que nous ne voyons pas, mais qui existent : les esprits des quatre éléments, les âmes des morts… Comme des chimistes, elles en extraient certaines substances dont elles se nourrissent ou qu'elles transportent ailleurs pour aider d'autres créatures.

1 Septembre

Il est difficile de mesurer le pouvoir d'une influence, mais on voit ça tous les jours. Voici une actrice connue qui décide de changer de coiffure : elle n'a pas besoin d'aller partout prêcher pour qu'on l'imite, elle a sa photo dans les magazines, elle est invitée à la télévision, et du jour au lendemain des quantités de femmes se mettent à se coiffer comme elle, à porter les mêmes vêtements, etc.

Une influence spirituelle est certainement plus subtile, mais c'est une influence tout de même et elle agit imperceptiblement. C'est pourquoi vous devez travailler sur vous-mêmes afin de devenir des livres vivants qui inspireront tous ceux que vous rencontrerez. Sans même ouvrir la bouche vous parlerez. Ce ne sont pas toujours les mots qui sont les plus persuasifs. Donc, devenir des livres vivants, voilà le travail que vous devez prendre désormais au sérieux : vous aurez une influence bénéfique sur tous ceux qui s'approcheront de vous. C'est aussi cela, l'amour fraternel.

De nos jours, de plus en plus de chrétiens abandonnent leur religion pour se tourner vers d'autres formes de spiritualité, sans trop savoir où ils mettent les pieds, sans se rendre compte combien, dans certains cas, cela peut être dangereux. Dans ce que l'on appelle les sciences ésotériques, les sciences occultes, on trouve le meilleur et le pire, et parmi ceux qui sont tentés de s'y adonner, tous ne sont pas capables de faire la distinction.

Ceux qui quittent le christianisme pour des spiritualités orientales donnent comme raison principale qu'ils y trouvent des disciplines et une philosophie : des techniques de méditation, de respiration, la connaissance des lois du karma qui éclaire le sens de nos destinées. Mais qu'est-ce qui empêche un chrétien de pratiquer la méditation, la respiration et même les différents yogas ? Et qu'est-ce qui empêche un chrétien d'accepter la réincarnation ?... Pour celui qui sait lire, certains passages des Évangiles ne s'expliquent que par la réincarnation.

Le meilleur remède à la peur, c'est l'amour. Si vous aimez, la peur disparaît… Le savoir aussi peut être un remède, mais il n'est pas aussi efficace, parce que la peur est un instinct et que le savoir n'appartient pas au domaine de l'instinct. Or, ce n'est ni par la raison, ni par le savoir, ni par les explications qu'on peut vaincre et dominer un instinct, mais par un autre instinct. Et, d'une certaine façon, l'amour est aussi un instinct, puisqu'il est une impulsion incontrôlable.

Il arrive parfois que la raison maîtrise la peur, mais le résultat n'est ni durable ni sûr. Tandis que si vous touchez le cœur de quelqu'un, il se jettera dans le feu pour vous. Si une jeune fille voit un inconnu en danger, elle hésitera peut-être à le sauver, mais s'il s'agit de son bien-aimé, elle est prête à tout. Le disciple doit donc augmenter l'amour en lui-même pour vaincre la peur.

Faire la volonté de Dieu, ce n'est pas seulement obéir à une autorité supérieure, c'est aussi accomplir un acte magique. Oui, car au moment où vous vous mettez au service du Seigneur, tout votre être est occupé, réservé, il est fermé aux autres influences. Alors, toutes les volontés contraires qui s'efforcent de le séduire pour se servir de lui, en sont empêchées : il est engagé ailleurs.

Celui qui déclare qu'il n'a rien à faire de la volonté de Dieu se croit libre, mais il se trompe : comme il est ouvert à tous les vents, les volontés d'une foule de créatures visibles ou invisibles, des humains, mais aussi des élémentaux, des larves, etc., commencent à s'infiltrer en lui pour l'utiliser. Celui qui n'est pas occupé par le Seigneur peut être sûr que d'autres l'occuperont, et il finira par être au service de toutes les volontés les plus anarchiques et les plus perverses. Est-ce que c'est préférable ?

Qu'est-ce que la sagesse ? De l'or, de l'or qui vient du soleil. Oui, la sagesse, l'or spirituel vient du soleil. Avec cet or vous pouvez tout acheter dans le monde de l'âme et de l'esprit, exactement comme avec l'or matériel vous pouvez acheter sur la terre tout ce que vous souhaitez. Quand vous vous présentez dans les magasins d'en haut, on vous dit : « Avez-vous de l'or ? – Oui », et on remplit vos sacs de provisions.

Le matin, au lever du soleil, nous ramassons de l'or, des paillettes d'or grâce auxquelles nous pouvons tout acheter dans le Ciel : l'amour, la joie, la dilatation, la plénitude… Combien n'ont pas encore compris l'importance d'aller le matin regarder le soleil se lever ! Ils ont peut-être de l'argent dans leurs coffres, et c'est très bien, mais s'ils ne comprennent pas la valeur de l'or spirituel, intérieurement ils feront tôt ou tard faillite.

Vous avez plus de chances d'améliorer une situation si vous vous concentrez davantage sur le bien que sur le mal. Alors, plutôt que de critiquer ce qui est défectueux chez les êtres, arrêtez-vous sur les bonnes choses en eux pour voir comment elles peuvent encore être améliorées. N'y en aurait-il qu'une seule, accrochez-vous à elle. Laissez de côté leurs défauts, et essayez de les aider à développer leurs qualités.

On doit toujours s'arrêter sur le bon côté d'un être et dire : « Dieu habite son âme, je ne m'occuperai pas des animaux qui rôdent tout autour. » Qui n'abrite pas quelques fauves en lui ? Chez certains, ces fauves sont en cage ou chloroformés, mais ils sont là.

Jésus disait : *« Si le maître de la maison savait à quelle heure le voleur doit venir, il veillerait et ne laisserait pas percer sa maison. »* Ce verset nous parle d'une des plus grandes qualités que l'homme puisse acquérir : la vigilance. Puisque nous ne savons pas à quelle heure le voleur viendra (et le voleur représente toutes les circonstances où nous sommes intérieurement menacés de perdre quelque chose de précieux), nous ne devons jamais relâcher notre attention.

Ainsi, je vous dirai que ce n'est pas tellement l'intelligence, ou la bonté, ou le dévouement, qu'un Maître spirituel considère chez celui qui veut devenir son disciple, mais la vigilance. Car s'il est vigilant, il évitera les dangers qui jalonneront sa route. Tandis que le manque de vigilance peut lui faire perdre au fur et à mesure ce qu'il a acquis au prix de beaucoup d'efforts.

Chacun de vous peut être à un moment ou à un autre victime d'injustices... Alors, si cela vous arrive, dites-vous d'abord : « C'est passager. Ca ne durera pas. » Supportez cette situation avec patience, humilité, amour, et un jour vous en sortirez victorieux. Même les êtres les meilleurs peuvent être victimes d'injustices, et si, malgré tous les obstacles qu'ils rencontrent, ils continuent à marcher sur le chemin de la lumière, le Ciel et la terre se sont juré de leur donner ce qu'ils méritent ; c'est une loi absolue. Alors, pourquoi vous inquiéter ?

Vous n'avez pas à vous demander si les entités qui dirigent votre destinée sont intelligentes et bonnes, ou si elles se sont endormies et vous ont oublié. Vous devez seulement vous demander si vous faites bien votre travail. Parce que ces entités, elles, connaissent parfaitement le leur, et quand le moment viendra, non seulement elles vous rétabliront dans tous vos droits, mais vous serez récompensé au centuple.

Gardez toujours en vous un idéal de perfection. Mais que ce désir de vous perfectionner n'ait pas seulement pour but votre évolution à vous : pensez qu'il doit aussi être utile, profitable pour le monde entier. C'est dans ce sens désormais que doit se faire le progrès.

Jusqu'à maintenant, tous les enseignements spirituels ont plus ou moins entraîné les humains sur la voie du salut individuel : le savoir, les pouvoirs, les révélations… toutes les acquisitions spirituelles, c'était pour eux qu'ils les faisaient. C'est pourquoi ils restaient isolés, cachés quelque part, dans les grottes ou les monastères, pour ne pas être dérangés par les agitations du monde extérieur. Eh bien, cette philosophie doit être désormais abandonnée. La nouvelle philosophie enseigne que nous devons nous perfectionner, mais sans jamais nous couper des autres. Au contraire, il faut accepter les inconvénients, faire des sacrifices, souffrir même, mais être utile. Se perfectionner pour être utile à la collectivité, voilà le véritable perfectionnement.

À chacun de nous la vie apporte chaque jour des problèmes à résoudre. C'est pourquoi tous les sages sont d'accord sur ce point : la vie est le seul vrai maître. Eux-mêmes, bien sûr, sont capables d'instruire les humains ; ce sont des êtres très évolués qui ont beaucoup travaillé, beaucoup souffert et qui peuvent donc faire bénéficier les autres de leurs expériences. Mais même ces êtres-là ne peuvent pas se comparer à la vie, et la vie est aussi un maître pour eux.

Les humains croient pouvoir disposer de la vie et agir comme bon leur semble ; mais voilà que c'est elle, au contraire, qui leur donne des leçons, elle leur donne même les meilleures leçons… Pour chacun, elle sait exactement sur quel point particulier l'instruire. Que ce soit dans le plan physique, dans le plan affectif ou intellectuel, chaque lacune, chaque faiblesse représente une leçon à apprendre, et il ne sert à rien de vouloir fuir cette école de la vie : à un moment ou à un autre, on est rattrapé.

11 Septembre

La jalousie, ce sentiment qu'éprouvent des hommes et des femmes quand ils sentent que l'être qu'ils voudraient garder exclusivement pour eux est en train de leur échapper, est toujours la source de grandes souffrances. Il est très difficile de la vaincre. La seule méthode efficace est d'apprendre à placer son amour dans les régions supérieures. Une femme qui aime un homme à cause de son intelligence, de sa science, de son esprit, de sa bonté, ne souhaite-t-elle pas que le plus de personnes possible le reconnaissent, l'apprécient et veuillent le rencontrer ? Si son amour s'adresse aux qualités intellectuelles, spirituelles de cet homme, elle ne s'accroche pas à lui, à sa présence physique, car ce qu'elle aime en lui est quelque chose de subtil, d'impalpable, que rien ni personne ne peut lui enlever. Et de même pour un homme vis-à-vis d'une femme.

Vous voulez échapper aux griffes de la jalousie ? Éduquez votre amour, élevez-le sur un plan supérieur. La jalousie est indissociablement attachée à l'amour sensuel. Tant que vous êtes physiquement attaché à un être, vous voudriez qu'il n'appartienne qu'à vous seul. Aimez-le spirituellement, et vous désirerez le présenter aux autres pour qu'ils apprécient aussi ses qualités.

Jamais le bien ne reste sans récompense. Seulement, ne vous attendez pas à ce qu'il vous revienne nécessairement sous la forme où vous l'avez fait. Il peut vous revenir sous des formes tout à fait différentes et auxquelles vous ne vous attendez pas.

Vous donnez de l'argent et vous voudriez qu'on vous rende de l'argent ?… Eh bien, non, mais vous recevrez peut-être la santé, l'amitié, l'espérance, l'inspiration, ou la sensation d'être un véritable enfant de Dieu, puisque, comme votre Père céleste, vous donnez sans rien attendre. La loi de justice est une loi cosmique que rien ni personne ne peut mettre en défaut. C'est une mauvaise compréhension de cette loi de justice qui décourage les humains de faire le bien. Ils ont peur qu'on abuse d'eux. Non, ils ne doivent pas avoir peur. Même si, en effet on profite d'eux, d'une façon ou d'une autre ils seront un jour récompensés pour le bien qu'ils ont fait.

Comment l'humanité a-t-elle pu survivre et se développer sur la terre ? Grâce à l'agriculture. Et en quoi consiste l'agriculture ? À enfouir dans le sol des graines, des plants. Avec le temps, une graine produit des centaines d'autres graines et un plant devient un arbre couvert de fruits. Ainsi, pour vivre dans l'abondance, il faut au moins commencer par semer une graine, par planter un arbre.

Dans le monde spirituel comme dans le monde physique, si vous voulez recevoir l'amour, la lumière, la joie, toutes les bénédictions du Ciel, vous devez aussi semer, planter. Et là, évidemment, les semences et les plants sont d'une autre nature : des pensées, des sentiments, des actes, des paroles, des regards, des sourires inspirés par tout ce que vous possédez de meilleur dans votre cœur et dans votre âme. Et en retour, vous recevrez une abondance de fleurs et de fruits.

Pour un grand nombre de personnes, et particulièrement les intellectuels, la seule vérité est la vérité scientifique. En réalité, plus importante que la vérité scientifique, il y a la vérité de la vie. Et la vérité de la vie, c'est d'apprendre à situer toutes les existences dans l'édifice cosmique pour voir comment elles vibrent en harmonie et participent à la vie du Tout. Il ne suffit donc pas d'observer et d'étudier avec précision tous les éléments de la nature, il faut aller plus loin : il faut voir les liens qui existent entre eux, pour comprendre comment circule de l'un à l'autre ce quelque chose qu'ils ne possèdent pas séparément : la vie.

Le véritable savoir se trouve dans la vie. Séparez les éléments, la vie n'est plus là. Savoir qu'un minéral ou un végétal a telle propriété, telle odeur, telle saveur, telle couleur, n'est pas l'essentiel, car tant que vous les prenez isolément, vous les coupez de la vie. Liez-les à tous les autres éléments de la terre et du ciel, la vie se manifeste et vous possédez le vrai savoir.

15 Septembre

Aux insatisfactions qu'ils ressentent, les humains ont tendance à donner des réponses physiques. Ils font comme si ces insatisfactions venaient du corps physique. Alors, ils lui présentent de quoi manger, boire, fumer, se distraire, ils le promènent, ils lui procurent tous les plaisirs, et le corps physique repu, saturé, suffoque et se plaint : « Arrête, tu vas me faire mourir, et ce n'est pas en me gavant ainsi que tu te sentiras mieux ! » Mais les humains ne comprennent pas le langage de leur corps. Ils s'obstinent en se disant que s'ils n'arrivent pas cette fois à trouver ce qu'ils cherchent, ils y arriveront sans doute la fois suivante. Malheureusement, la fois suivante, c'est la même chose : le vide. Mais ils continuent…

En réalité, il faut très peu de choses pour satisfaire le corps physique ; les réclamations en nous viennent de l'âme et de l'esprit qui ne cessent de prier, de supplier : « J'ai besoin de pureté, de lumière, d'espace… J'ai besoin de contempler le soleil… J'ai besoin de m'unir au Seigneur, de travailler à l'avènement de son Royaume afin que la paix règne un jour parmi les humains… » Voilà les voix que nous devons distinguer en nous, et bien écouter leurs demandes afin de leur donner satisfaction.

Vous êtes parfois malheureux parce que, malgré vos efforts, vous êtes encore esclave de vos mauvais penchants. Mais ce n'est pas grave, c'est même normal, il y a tellement de choses à redresser en chacun ! L'essentiel, c'est de travailler à votre libération : chaque jour prier, exercer votre volonté et envoyer des messages aux amis du monde invisible.

Pour le moment vous êtes prisonnier. Mais si vous restez en communication avec ces êtres très puissants, lorsque viendra le moment favorable, vous pourrez dire à tous les ennemis du dedans : « Allez-vous-en, je suis un serviteur du Ciel, votre place n'est pas ici chez moi. Ici, c'est le Royaume de Dieu, vous ne resterez pas une heure de plus ! » Alors, bien sûr, ces ennemis montreront les dents et sortiront les griffes en disant : « Comment ? tu es petit, misérable, tu nous as toujours appartenu, nous sommes tes maîtres. » Et vous répondrez : « Oui, il en était ainsi aux premières pages de l'histoire, mais d'autres pages se sont écrites depuis, sans que vous le sachiez. Maintenant Dieu est mon berger, j'ai un Maître, le Ciel est avec moi, tout a changé. Allez, ouste, dehors ! » Les ennemis ouvriront leur gueule, cracheront des flammes, mais vous serez protégé par la puissance du Ciel qui les expulsera.

17 Septembre

Comment se fait-il que tant d'hommes et de femmes s'imaginent qu'il est facile de devenir des guides spirituels ? Alors, les voilà qui se mêlent d'instruire les autres avant de posséder eux-mêmes la lumière. S'ils pouvaient s'étudier et s'analyser un peu, quelque chose les retiendrait. Mais non, ils ont lu quelques livres, ils sont émerveillés par les grands Maîtres de l'Inde, du Tibet ou d'ailleurs, et ils voudraient leur ressembler…

Bien sûr, il n'y a rien là, en soi, de répréhensible, mais ils doivent savoir que rien n'est plus difficile que de conduire les humains sur le chemin de la lumière et qu'il faut être prudent. Sinon, que va-t-il se passer ? Toutes les imperfections et les lacunes auxquelles ils n'ont jamais pensé à remédier en eux vont se refléter sur tout ce qu'ils font. Et c'est ainsi que, souvent, au lieu d'aider leurs « disciples » à gravir les sentiers abrupts qui mènent vers les hauteurs sublimes, non seulement ils les égarent sur des chemins remplis d'embûches, mais ils sont eux-mêmes entraînés avec eux dans les précipices.

Quand on parle de nutrition, il faut savoir que c'est une question très vaste, car elle ne se limite pas seulement aux aliments et aux boissons que nous prenons à chaque repas. La nourriture, cela peut être aussi des sons, des parfums, des couleurs, mais également des sentiments et des pensées. Se nourrir ainsi est évidemment plus difficile, mais c'est possible. Dans certains cas, vous aussi, vous pouvez le faire, et d'ailleurs vous le faites parfois sans même vous en rendre compte. Ne vous est-il jamais arrivé de rester toute une journée sans avoir faim parce que vous étiez absorbé par vos activités, ou que vous étiez tellement rempli d'amour que vous vous sentiez nourri ?

Tout sentiment d'amour spirituel, toute pensée de sagesse sont des aliments : ils se transforment et nourrissent même votre corps physique. Efforcez-vous de prendre consciemment ces nourritures.

19 Septembre

Le bien et le mal sont deux forces agissantes dans l'univers. Ces deux forces sont placées sous l'autorité de Dieu, l'Entité suprême. Cette idée est présente dans l'Arbre séphirotique : il y a le pilier de droite, la Clémence, et le pilier de gauche, la Rigueur ; entre les deux, s'élève le pilier de l'Équilibre au sommet duquel est placée la première séphira : *Kéther,* la Couronne.*

Ceux qui ne pensent qu'à satisfaire leurs ambitions, leurs convoitises et tous leurs mauvais instincts, se rangent eux-mêmes sur la voie de gauche où ils provoquent les puissances de la Rigueur. Ce n'est pas un Dieu terrible, un Dieu vengeur qui les punit : c'est eux-mêmes qui s'exposent à la sévérité des lois cosmiques. Au contraire, ceux qui choisissent de marcher sur le chemin de la lumière se rangent naturellement sur la voie de droite, la Clémence, et n'attirent sur eux que des bénédictions.

* Voir planche et note, p. 373-375.

On ne mesure pas assez combien les adolescents de notre époque sont victimes de la culture dans laquelle ils baignent, des films qu'ils voient, des livres et des journaux qu'ils lisent, des conversations, des discours et surtout de la musique qu'ils entendent. Ils sont formés, façonnés, imprégnés par des théories insensées et dangereuses d'écrivains, de penseurs, de cinéastes, de musiciens qui n'ont aucune conscience de leur responsabilité. Ces gens sont des adultes, et pourtant ils n'ont jamais réfléchi combien la parole, l'écriture, le son ou l'image sont puissants et peuvent troubler, déséquilibrer le public, et surtout la jeunesse qui est tellement plus vulnérable.

Si la jeunesse actuelle se révolte, ou si elle se laisse aller à toutes sortes d'excès et de pratiques dangereuses pour sa santé et son équilibre psychique, c'est la faute des adultes. Au lieu de réfléchir aux meilleures méthodes pour l'éduquer, la guider, ils déversent sur elle toutes leurs élucubrations. Et ensuite ils sont étonnés par son comportement. Ils n'ont pas à être étonnés. S'ils sont honnêtes, il leur reste une seule chose à faire : se voir dans les jeunes comme dans un miroir et se dire : « C'est nous qui avons fait de ces enfants ce qu'ils sont »… accepter la leçon, et corriger leur orientation.

Combien de facultés, de qualités vous avez reçues du Créateur, mais vous n'en avez pas conscience, parce que vous ignorez que la meilleure façon de les développer est de les mettre à son service. Pour tous ces dons, nous devrons rendre des comptes un jour. Vous avez lu dans les Évangiles la parabole des serviteurs auxquels, avant de partir en voyage, leur maître confia une somme d'argent : au premier il donna cinq talents, au second deux, au troisième un. Quand il revint, il leur demanda des comptes. Celui qui avait reçu cinq talents et celui qui en avait reçu deux s'étaient occupés de les faire fructifier, tandis que celui qui en avait reçu un s'était contenté de l'enfouir dans la terre. Le maître, dit la parabole, le fit emprisonner, alors que les autres furent récompensés.

De même pour les qualités, les dons, les vertus qui nous ont été donnés : le Ciel nous demandera un jour ce que nous en avons fait. Si nous les avons enterrés, c'est-à-dire si nous avons négligé de les développer, nous serons mis en prison, c'est-à-dire que pour un temps nous serons limités dans notre développement. Si nous les avons fait fructifier, non seulement nous serons récompensés, mais nous en recevrons d'autres, plus précieux encore.

Chaque année, le 22 septembre, le soleil entre dans le signe de la Balance, ouvrant ainsi une période nouvelle. C'est l'automne, l'époque des fruits mûrs que l'on cueille ou que l'on ramasse ; et les grains sont triés pour être mangés, ou bien conservés pour être semés plus tard, afin que le cycle recommence. Mais ce travail de séparation, de triage qui se fait dans la nature, ne concerne pas uniquement la végétation : il concerne aussi l'être humain. Car l'automne est le moment de cette séparation dont parle Hermès Trismégiste dans la Table d'émeraude : « Tu sépareras le subtil de l'épais avec une grande industrie. » Tu sépareras le subtil de l'épais, cela veut dire le spirituel du matériel. C'est pourquoi l'Initié, qui participe avec son esprit à ce travail de toute la nature, sait que le moment est venu de laisser mourir la matière obscure qui reste encore en lui, afin de libérer la vie véritable.

Et de même que le fruit se sépare de l'arbre, que le noyau ou la graine se sépare du fruit, l'âme un jour se séparera du corps. Le corps est l'enveloppe de l'âme, et l'âme est la graine qui sera semée en haut, dans le Ciel. Le jour où le fruit de l'homme est mûr, il ne doit pas retomber en terre comme la graine d'une plante, mais s'envoler vers le Ciel.

Chaque fois que vous en avez les conditions, pensez à faire cet exercice. Fermez les yeux, concentrez-vous et cherchez à vous approcher du centre divin en vous-même… Peu à peu vous sentirez que les pensées, les sentiments, les désirs qui ne vibrent pas en harmonie, sont ramenés vers ce centre autour duquel ils doivent graviter.

Vous souffrez de ne pas pouvoir maîtriser votre vie psychique, vous souhaiteriez vous sentir comme un monde organisé : tâchez de rappeler ces éléments disparates qui partent dans toutes les directions et, de même que les planètes tournent autour du soleil, entraînez-les à tourner autour de votre soleil intérieur. À ce moment-là, oui, on peut parler d'ordre, d'équilibre, d'harmonie, de Royaume de Dieu. Parce qu'il y a un centre, un soleil, un noyau, tous les autres éléments trouvent leur place, la trajectoire à suivre, et ils y parviennent sans se heurter.

« Ne jetez pas vos perles devant les pourceaux, disait Jésus, *de peur qu'ils ne les foulent aux pieds, ne se retournent et ne vous déchirent ».* Ce qui signifie qu'il est imprudent de révéler les vérités spirituelles à ceux qui ne sont pas prêts à les recevoir : ils ne sauront pas comment les utiliser, et c'est vous qui serez victimes de leur incompréhension.

Mais pour celui qui s'est longtemps préparé, la connaissance des vérités spirituelles est la meilleure des choses. C'est pourquoi Jésus a dit aussi : *« Connaissez la vérité et la vérité vous libérera. »* Qu'y a-t-il de plus important que d'être libre ? Or, justement, c'est la vérité qui a la propriété de libérer. La vérité a la propriété de donner la liberté comme l'amour a celle de donner la chaleur, et la sagesse celle de donner la lumière. Chaque qualité, chaque vertu possède des propriétés particulières, et celles de la vérité est donc de libérer, parce que la vérité a un lien avec la volonté, avec la force.

Pour combien de gens encore, dormir est uniquement considéré comme une fonction physiologique ! Ils sont fatigués et ils s'endorment. Exactement comme ils mangent parce qu'ils ont faim, sans prendre conscience que le sommeil, comme la nutrition et toutes les autres fonctions physiologiques, peut être vécu à un niveau plus élevé que le plan physique. Vous le vérifierez si, au moment de vous endormir, vous prenez l'habitude de vous préparer en disant : « Seigneur, pendant mon sommeil, je veux m'instruire. Accepte-moi dans ton école de l'amour, de la sagesse et de la vérité, afin que j'apprenne à donner un sens de plus en plus riche à mon existence. »

Le lendemain, au réveil, ouvrez les yeux consciemment et pendant quelques minutes, commencez par analyser votre état intérieur, les pensées et les sentiments qui vous viennent. Vous découvrirez que vous avez reçu une solution à un problème, des clartés sur une question qui vous préoccupe. Ne vous levez pas sans avoir fait cet examen.

Parce qu'ils ne trouvent pas d'emploi dans leur propre pays, combien de pères de famille partent travailler à l'étranger ! Là, ils restent des mois, des années même, et quand ils reviennent, ils sont heureux d'être arrivés à pourvoir aux besoins de leur femme et de leurs enfants. Mais il fallait qu'ils commencent par les quitter...

D'une certaine façon, le même phénomène se produit avec le spiritualiste. Il médite, il prie, il se lie au Ciel : on peut dire que lui aussi part à l'étranger ; avec cette différence que cela ne dure pas des mois et des années, son esprit ne s'éloigne de son corps physique que pour quelques instants. En restant trop lié au corps, l'esprit ne peut pas faire grand-chose pour lui, alors il part pour gagner de l'argent... disons plutôt pour recueillir de la lumière. À son retour, il rapporte cette lumière au corps et à ses habitants : il les éclaire, les vivifie, les purifie, les régénère.

27 Septembre

La beauté exerce un tel pouvoir de fascination sur les humains qu'ils sont toujours tentés de s'approcher d'elle pour la toucher, la saisir, la posséder. Mais la beauté ne peut pas être possédée, car elle n'appartient pas par essence au monde physique ; c'est pourquoi si on tente seulement de l'effleurer, elle s'échappe. La beauté est un monde fait exclusivement pour les yeux ; elle n'est destinée ni à la bouche ni aux mains. Elle aime être regardée, mais elle ne supporte pas d'être touchée. Il faut donc être toujours très attentif lorsqu'on rencontre des êtres qui sont beaux. Celui qui n'a pas une bonne attitude peut chasser les entités célestes qui les habitent et qui leur donnent cette beauté. Et si ces entités s'éloignent, il souffrira, car il perdra cet élément impalpable qui embellissait aussi sa vie à lui.

Notre joie, notre inspiration dépendent donc du respect que nous manifestons envers la beauté. En apprenant chaque jour à la contempler, nous goûtons la vie véritable.

Les disciples d'un Maître spirituel ressemblent souvent à ces promeneurs qui, se trouvant au pied d'une montagne, se gardent bien d'en faire l'ascension. La montagne est là, c'est très bien, ils sont très contents, ils l'admirent, mais la montagne est ce qu'elle est, et eux restent ce qu'ils sont, en bas. De temps à autre, ils jettent un regard vers le sommet en souhaitant qu'il s'abaisse un peu jusqu'à eux, mais le sommet continue à s'élancer vers le ciel.

Dans cette image du sommet, on peut voir non seulement un Maître spirituel, mais aussi tous les êtres qui, dans le domaine qui est le leur, sont parvenus à une vision supérieure des choses. Ils ne doivent jamais descendre des hauteurs qu'ils ont atteintes, mais chercher à attirer les humains jusqu'à eux. Et s'ils ne veulent pas monter, tant pis, il faut les laisser ! Vous direz que c'est cruel. Non, car même sans descendre, ces grands êtres continuent à projeter vers leurs frères humains quelque chose de leur pensée, de leur amour.

Méditez sur le cercle que nous formons quand nous nous réunissons autour du feu. Le feu est le centre de ce cercle et c'est vers ce centre de lumière, de chaleur et de vie que nous devons envoyer nos pensées et nos prières. Nous nous rencontrons dans le feu : notre âme, nos pensées se rencontrent dans le feu, mais à condition que nous soyons conscients, que nous comprenions l'importance d'une réunion pareille, d'une cérémonie pareille.

Pourquoi sommes-nous réunis autour du feu ? Pour donner « chair et os » à une idée divine, en l'enveloppant de notre amour, en lui fournissant les éléments de sa matérialisation. Nous devons tout faire pour que nos amis du monde invisible trouvent en nous cette matière en abondance et puissent, grâce à elle, envelopper l'enfant qui doit naître : le Royaume de Dieu.

Les montagnes, les arbres, les mers, la terre entière, mais aussi les soleils, les étoiles… toute la création n'est que musique. Cette symphonie de tout l'univers, des poètes, des philosophes comme Pythagore ou Platon l'ont appelée « l'harmonie des sphères ». Tout ce qui existe émet des sons, mais évidemment pas des sons dans le sens où nous comprenons généralement le mot « son ». L'harmonie des sphères est cette synthèse de tous les langages dont se sert la création pour se manifester.

Dans la nature, nous distinguons non seulement des sons, mais des couleurs, des mouvements, des parfums, des formes, car nos organes des sens nous donnent une perception différenciée des choses. Mais au-delà de nos cinq sens physiques, nous possédons d'autres organes qui sont capables de faire la synthèse de toutes ces perceptions, et dans certains moments exceptionnels il est possible de saisir la création à la fois comme sons, couleurs, formes, mouvements, parfums. Cette harmonie des sphères ne touche pas seulement la sensibilité. C'est aussi une parole de sagesse qui donne la direction à suivre, qui inscrit la loi divine dans l'âme de celui qui a eu le privilège de l'entendre au moins une fois.

1 Octobre

Si vous mettez en terre un pépin de citron, de pomme ou de melon, vous ne lui dites pas : « Écoute-moi bien. Je t'indique ton programme : tu dois devenir un citronnier, un pommier ou un plant de melon. » Le pépin a un programme déjà inscrit en lui, et il suffit de le planter pour qu'il le réalise en devenant ce que la nature attend de lui. Il s'accroche à la terre et, jour après jour, il se développe. Quand une phase est terminée, il passe à la suivante ; il ne se demande pas ce qu'il aura à faire dans un an ou dans cent ans.

Pourquoi je vous parle de l'arbre ? Parce que l'être humain est aussi une semence qui a son programme inscrit en lui par l'Intelligence cosmique. S'il n'est pas encore capable de le connaître, c'est qu'il ne cesse de se fabriquer lui-même des programmes qui ne font qu'obscurcir sa vue et le faire dévier de sa route. Il doit se garder intérieurement libre, disponible, pour découvrir le schéma inscrit profondément dans son âme.

Même s'il est injustement attaqué, un Initié ne doit jamais se servir contre les autres des pouvoirs qu'il possède. Ces pouvoirs, il doit seulement s'en servir pour devenir de plus en plus invulnérable aux accusations, aux attaques, afin de ne pas succomber et de transformer en or et en pierres précieuses les cailloux qu'on lui jette.

Avoir des connaissances, des pouvoirs et refuser de les utiliser à son profit, c'est cela la vraie grandeur de l'Initié. Et le Ciel qui lui a permis de les acquérir le surveille. Ces connaissances et ces pouvoirs, il n'a le droit de les utiliser que pour son avancement spirituel ou celui des autres, non pour s'imposer, répondre aux injures ou se venger. N'est-ce pas l'exemple qu'a donné Jésus ?

Dans le livre de la *Genèse,* il est dit que Dieu créa d'abord l'homme, Adam, et puis la femme, Ève. Et dans la Bible hébraïque, les deux premières lettres du nom de Dieu, le Tétragramme יהוה (Iod Hé Vau Hé) sont le Iod י qui correspond au principe masculin, puis le Hé ה qui correspond au principe féminin. Si les Initiés ont ainsi placé le principe masculin avant le principe féminin, ce n'est pas parce qu'ils pensaient que le principe masculin est d'une plus grande importance, mais parce qu'ils se sont inclinés devant le symbolisme cosmique. Symboliquement, le principe masculin représente l'esprit, qui est antérieur à toute la création, et le principe féminin représente la matière sur laquelle il travaille. Mais chacun a besoin de l'autre : l'esprit a besoin de la matière pour s'incarner, et la matière a besoin de l'esprit pour être animée, vivifiée. La création n'est que le résultat de cette rencontre de l'esprit et de la matière.

Et dans une famille on ne peut pas dire que le rôle et la responsabilité du père soient supérieurs à ceux de la mère. Les deux sont de même valeur, de même importance, puisque les deux sont nécessaires pour donner naissance à un enfant.

À la fin d'une année scolaire, rares sont les éducateurs, les instituteurs, les professeurs qui ne se plaignent pas d'être épuisés. Ce n'est pas que s'occuper des enfants soit tellement fatigant, mais si on ne considère ce métier que comme un gagne-pain, on en ressent surtout les inconvénients. Les enfants sont souvent difficiles, c'est entendu, mais du moment qu'on a embrassé la carrière d'éducateur, on est obligé de veiller attentivement sur eux, de les aimer, de penser à leur avenir. Et comme les enfants sont sensibles à l'attention qu'on leur porte, après quelque temps ils ont une autre attitude.

Et cela n'est pas seulement vrai pour les éducateurs, mais aussi pour les parents. Oui, que vous soyez éducateur ou parent, vous avez toujours une bonne attitude à trouver vis-à-vis des enfants pour ne pas vous sentir accablé ou exaspéré. Si vous voulez, ne pensez même pas à eux, pensez à vous : tâchez d'être plus calme, plus patient, plus attentif, d'avoir plus d'amour, et vous économiserez ainsi beaucoup d'énergies.

5 Octobre

La condition du vrai succès n'est pas dans l'effort violent et spectaculaire d'un instant, mais dans la répétition quotidienne de petits efforts. L'eau qui, goutte après goutte, tombe sur la pierre, finit par la creuser. Et pourtant, la goutte d'eau est si douce, et la pierre si dure !

Ne cessez pas un seul jour de faire des efforts, car le secret de la réussite est dans la continuité, la persévérance. Si vous vous arrêtez, vous risquez même de perdre ce que vous avez acquis, car la matière possède un immense pouvoir de résistance et elle tend toujours à retourner à son inertie primitive. Vous devez sans cesse travailler pour l'élever, puis la retenir au niveau où vous souhaitez vous élever vous-même pour y faire votre demeure.

Toute activité, aussi insignifiante soit-elle en apparence, un mouvement, un sentiment, une pensée, une parole, produit nécessairement des effets bons ou mauvais. C'est pourquoi on peut dire que la magie est la première des sciences. Il suffit d'un mouvement, d'une influence, d'une empreinte, d'une vibration, pour entrer dans le domaine de la magie. Chaque fois qu'un être agit sur un autre ou sur un objet, il accomplit un acte magique. Et voilà que les gens regardent, parlent, pensent, ont des désirs, des sentiments, font des gestes, sans se rendre compte que toutes les forces qu'ils déclenchent ainsi sont des forces magiques. Souvent, dans leur ignorance, il leur arrive de mettre en action des forces négatives qui se retournent contre eux, et quand ils sont saisis, mordus, ils ne comprennent pas ce qui leur arrive.

Il est donc important que chacun apprenne à travailler sur ses pensées, ses sentiments, ses paroles, ses gestes, son regard, afin que les forces déclenchées par chacune de ses activités physiques ou psychiques produisent uniquement des effets bénéfiques… bénéfiques pour lui, mais aussi pour toutes les autres créatures dans le monde.

7 Octobre

Toutes les bonnes conditions pour votre évolution vous sont données par le Ciel, mais comme, la plupart du temps, elles ne se présentent pas sous la forme que vous attendiez, non seulement vous ne les voyez pas, mais vous vous plaignez. Vous attendez que Dieu vous donne le bonheur à travers les succès ou la gloire, et comme le succès et la gloire ne viennent pas, vous êtes malheureux. Eh bien c'est la preuve que vous n'êtes ni intelligent, ni perspicace. Étudiez tout ce qui vous arrive, et demandez-vous ce que le monde invisible attend de vous en vous plaçant devant des difficultés et des problèmes à résoudre. À l'avenir, réfléchissez et apprenez à regarder autrement tout ce que vous prenez pour des obstacles ou des insuccès : vous comprendrez qu'il y a toujours quelque chose à découvrir.

Le bonheur se trouve là où vous ne savez pas encore le voir. Vous voudriez qu'il ressemble à l'idée que vous vous en faites ? Eh non, cela n'est pas possible. Mais ne vous découragez pas, vous n'êtes pas seul, beaucoup d'êtres du monde invisible pensent à vous et ne cessent de vous instruire et de vous aider.

S'il vous arrive de rencontrer quelqu'un qui vous communique le goût de vivre et de faire le bien, si après avoir parlé avec lui ou l'avoir seulement écouté, vous vous sentez plein de courage et d'espoir, sachez que cela est infiniment plus précieux que si vous aviez acquis n'importe quel savoir intellectuel, car celui-ci, trop souvent, vous dessèche et vous épuise. Vivre chaque jour auprès de personnes qui vous donnent un élan, le désir d'agir, l'amour de ce que vous faites, est bien préférable que la compagnie de ceux qui sont savants comme des encyclopédies mais incapables d'éveiller en vous l'ardeur et l'enthousiasme.

Vous direz : « Mais il y a tout de même des connaissances à acquérir dans la vie ! » Oui, bien sûr, mais si vous êtes aussi bien disposé, rempli d'amour, de joie et d'enthousiasme, l'acquisition de ces connaissances vous sera facilitée.

Combien d'actes de notre vie quotidienne que nous considérons comme tout à fait insignifiants, prennent, si nous savons les interpréter, une dimension spirituelle, cosmique ! Par exemple : chaque soir, avant de vous coucher, vous vous déshabillez. Un à un vous enlevez vos vêtements, des plus épais aux plus légers : pull-over, chemise, tricot… Eh bien, ce dépouillement progressif est le symbole de la mort ; tous ces vêtements que vous quittez représentent les différents corps dont, un jour, vous devrez vous libérer les uns après les autres. Inversement, quand le matin au réveil vous remettez vos vêtements (le tricot, la chemise, etc.), vous reproduisez la descente de l'esprit. Lorsque l'esprit doit descendre dans la matière, lui aussi s'habille, si l'on peut dire : il entre successivement dans des corps de plus en plus denses : les corps atmique, bouddhique, causal, mental, astral, éthérique, et enfin il entre dans le corps physique qui est son dernier vêtement.*

Ainsi, chaque soir vous vous déshabillez et chaque matin vous vous rhabillez ; vous le faites depuis des années, mais pendant ce temps à quoi pensez-vous ? Faites-le désormais en réfléchissant à tous ces gestes qui correspondent au processus de l'incarnation et de la désincarnation.

* Voir note et schéma, p. 376-377.

Décidez-vous aujourd'hui à vous asseoir sur les bancs de l'École divine. Sortez vos livres et vos cahiers, et commencez à étudier. Vous direz : « Mais il y a les autres, là, qui me dérangent ! » Eh bien, tâchez tout de même de les supporter et oubliez-les un peu. Vous tous devrez un jour passer des examens et, quand vous les passerez, on verra ce que vous avez appris, retenu et surtout appliqué. Ce n'est pas moi qui vous ferai passer les examens, mais la vie. Et la vie est implacable, vous ne pourrez pas l'amadouer en lui racontant des histoires sur tel et tel qui vous ont dérangé ou vous ont empêché de réaliser tous vos bons projets.

Le sage ne se plaint pas des défauts et des faiblesses qu'il observe chez les autres. Il ne les critique pas, il ne les combat pas, mais il s'efforce, en les supportant, de transformer ces défauts en lui-même, car cette transformation produit une énergie qu'il peut renvoyer ensuite sous forme de lumière. C'est ainsi qu'il travaille pour l'avènement du Royaume de Dieu.

Vous mangez quelques fruits, et voilà que cette nourriture, une fois digérée et assimilée, contribue au bon fonctionnement de tout votre organisme. Quelle est cette Intelligence capable d'apporter à chaque organe de notre corps ce dont il a besoin pour que nous puissions continuer à vivre ? Comment ne pas être en admiration devant elle ?.... Grâce à cette nourriture vous allez continuer à voir, à entendre, à respirer, à goûter, à toucher, à parler, à chanter, à marcher. Et même vos cheveux, vos ongles, vos dents, votre peau, etc., vont en profiter. Oui, comment ne pas être saisi d'admiration devant cette Intelligence ? Désormais, vous devez davantage penser à elle. Tâchez de la découvrir et de lui manifester votre reconnaissance.

Ce qui est essentiel dans la nourriture, ce n'est pas la matière des aliments. Ce qui est essentiel, ce sont les énergies qu'ils contiennent, la quintessence emprisonnée en eux, car c'est là qu'est la vie. La matière de l'aliment n'est qu'un support. À travers cette matière, c'est donc la quintessence que nous devons chercher à atteindre, afin de nourrir aussi nos corps subtils. Considérer que nous mangeons pour nourrir seulement notre corps physique est une erreur : nous mangeons pour nourrir aussi notre cœur, notre intellect, notre âme et notre esprit.

Même si dans la vie quotidienne on tient compte du symbolisme de la main droite et de la main gauche (la droite représentant le bien, et la gauche, le mal), on ne peut pas négliger le fait que toute culture et toute civilisation sont l'œuvre des deux mains : pour créer elles doivent travailler ensemble.

La main droite et la main gauche s'accordent, s'harmonisent et se complètent, chacune n'étant qu'un des deux aspects de l'unité. Il est impossible de concevoir une main indépendamment de l'autre, car elles sont polarisées : la main droite possède la polarité masculine et la main gauche la polarité féminine. C'est pourquoi on les a souvent mises en relation avec le soleil (main droite) et la lune (main gauche), qui exercent l'un et l'autre leur influence sur nous. À travers les deux mains, le principe masculin et le principe féminin projettent des courants de nature différente, et il faut qu'ils soient ensemble pour guérir, soutenir, sauver, réparer, illuminer.

13 Octobre

Pourquoi vous arrive-t-il parfois de vous sentir envahi par des forces, des entités qui saccagent vos jardins intérieurs, volent vos richesses, éteignent vos lumières ? Parce que vous n'avez pas su vous lier au Ciel. Vous vous plaignez : « Je ne sais pas ce qui se passe… Je me sens mal, je suis angoissé… » Et pour sortir de cet état, vous essayez de vous distraire, vous allez chez le pharmacien, le médecin… Mais voilà que les distractions, les pharmaciens et les médecins ne sont là d'aucune efficacité.

Pour échapper à ces entités obscures et malfaisantes qui peuvent vous assaillir, il n'y a pas d'autres moyens que de chercher à entrer en relation avec les entités célestes, de leur ouvrir votre cœur, votre intellect, votre âme, votre esprit, afin que leur lumière et leurs bénédictions descendent en vous, qu'elles vous purifient, qu'elles vous nourrissent. Les créatures inférieures ne peuvent pas s'opposer aux courants puissants qui viennent des régions célestes : elles sont refoulées.

Il est souhaitable que de plus en plus de personnes admettent la réalité de la réincarnation, mais à condition de savoir s'en servir pour leur évolution. Or, que se passe-t-il la plupart du temps ? Au lieu de comprendre que le plus important, c'est ce qu'elles sont et ce qu'elles font maintenant pour préparer leur vie future, beaucoup se fabriquent des vies antérieures imaginaires, dignes des romans, ou courent chez des voyants pour qu'ils les leur révèlent, et ces voyants leur racontent souvent n'importe quoi pour leur faire plaisir.

En réalité, le passé des êtres n'est pas difficile à connaître. D'après ce qu'ils sont aujourd'hui, d'après leurs qualités et leurs défauts, leurs facultés et leurs lacunes, on peut connaître – sans entrer dans les détails, bien sûr – ce qu'ils ont été : ce qu'ils sont dans cette incarnation ne leur est pas tombé dessus par hasard. La loi de causes et de conséquences, qui agit partout dans la création, s'est appliquée pour modeler leur existence actuelle. Alors, maintenant, qu'ils s'occupent plutôt de leur présent pour préparer leur avenir.

15 Octobre

Combien de mauvaises choses découlent d'une ingratitude ! Et combien de bonnes choses au contraire proviennent d'un simple mouvement de reconnaissance ! Pourquoi ? Parce que cela dépasse, et de beaucoup, le simple sentiment que vous éprouvez à ce moment-là.

Laissons de côté l'ingratitude pour ne nous occuper que de la reconnaissance. Dès l'instant où vous êtes porté par un mouvement de reconnaissance envers le Créateur, envers la vie, envers la nature et tous les êtres, même les plus insignifiants, ce sentiment ne se limite pas à exister passivement, il agit. À cause de la loi d'affinité, il attire, par ses vibrations, des impressions, des sensations de même nature que lui. Et toutes les bénédictions vous viennent alors de cette petite chose : un sentiment de reconnaissance.

Deux personnes peuvent être en conflit, puis, après quelques discussions, trouver un terrain d'entente. Elles croient donc l'affaire réglée. Mais en réalité, une troisième personne qui assistait par hasard ou malgré elle à leurs affrontements, a pu en être la victime. C'est pourquoi la Justice divine vient un jour se présenter devant les deux autres en leur disant qu'elles sont coupables, et d'une façon ou d'une autre, elles doivent réparer.

C'est ainsi que la destinée peut venir parfois vous surprendre. Vous n'avez fait directement aucun mal à qui que ce soit, mais si par votre conduite, vous avez, même sans le savoir, perturbé des êtres, vous serez condamné. Chaque fois qu'une tâche, une obligation vous est imposée alors qu'en apparence ce ne serait pas à vous de vous en acquitter, c'est la preuve que vous avez une faute à réparer. Alors, ne pensez jamais que ce qui vous arrive est injuste ou dépourvu de sens.

Vous pouvez donner tous les médicaments que vous voulez à un cadavre, il ne se relèvera pas, car il a perdu la vie. Alors, c'est clair, quelle que soit l'efficacité d'un médicament, pour celui qui n'a plus la vie, il ne servira à rien. C'est la vie qui compte. C'est pourquoi vous devez vous occuper de la vie : la purifier, la renforcer, afin qu'elle circule librement dans tout votre organisme, ce n'est qu'à cette condition que les médicaments peuvent être efficaces. Si les différentes fonctions de votre organisme marchent au ralenti, les médicaments ne pourront pas vous aider, et même pire, ils ne serviront qu'à obstruer les circuits en vous.

Combien de gens vivent n'importe comment sans se préoccuper de leur santé ! Ils pensent que s'ils tombent malades, ils n'auront qu'à prendre des médicaments. Eh non, les médicaments ne sont vraiment efficaces que si, par une conduite raisonnable, on a déjà su préserver la vie en soi.

L'identification est une pratique spirituelle fondée sur la connaissance d'une loi physique : la loi de résonance. Si vous arrivez à vibrer à l'unisson avec une créature, vous la connaîtrez, et non seulement vous la connaîtrez, mais ses qualités se communiqueront à vous. Tant que vous ne vibrez pas à l'unisson avec elle, tant que vous ne vous identifiez pas à elle, vous pouvez l'étudier, la juger, décréter qu'elle est telle ou telle, en réalité vous ne la connaissez pas vraiment. C'est le fait de vibrer à la même longueur d'onde qui rapproche deux êtres et leur permet de se connaître.

Et c'est aussi cela, l'amour. L'amour, comme la connaissance, est le résultat d'une fusion : deux êtres qui vibrent à la même longueur d'onde. On peut donc dire que la véritable connaissance est la conséquence du véritable amour, et que le véritable amour n'est rien d'autre qu'un accord sur une même longueur d'onde.

Il est dit dans la *Genèse,* que le serpent était *« le plus rusé de toutes les bêtes des champs. »* C'est lui qui a persuadé Adam et Ève de désobéir aux ordres de Dieu et de manger le fruit de l'Arbre de la connaissance du bien et du mal. Mais dans le livre de l'Exode, il est écrit que Moïse, sur l'ordre de Dieu, avait fait fabriquer un serpent de bronze et que celui qui regardait ce serpent était guéri. Et quand Jésus envoie ses disciples en mission, il leur dit : *« Soyez prudents comme les serpents et simples comme la colombe. »* Il fait donc du serpent un symbole de sagesse. De même, dans l'Inde, les sages sont parfois appelés « nagui » : serpents. Suivant le cas, le serpent est donc présenté comme une entité bénéfique ou maléfique. Comment expliquer cette contradiction apparente ?

Parce que c'est le serpent qui a incité Ève et Adam à goûter de l'Arbre de la connaissance du bien et du mal, on fait de lui un des symboles de la connaissance. Or, la connaissance est neutre. Elle est bonne ou mauvaise selon la façon dont on l'utilise. Les êtres les plus instruits peuvent être les plus grands bienfaiteurs ou les plus grands criminels. Connaître donne des pouvoirs. Ceux qui utilisent leur savoir pour le mal sont liés à l'aspect ténébreux du serpent, ce sont les mages noirs. Et ceux qui l'utilisent pour le bien sont liés à son aspect lumineux, ce sont les mages blancs.

Un soliste qui donne un concert offre au public son talent, son inspiration, le fruit de tout un long travail. Mais si le public n'a aucune conscience de ce travail, s'il fait du bruit ou même seulement s'il est inattentif, le musicien le sent et, même s'il est le plus grand virtuose du monde, il ne peut pas donner tout ce dont il serait capable, car les échanges ne se font pas correctement. Mais il peut arriver aussi que, se tournant vers la salle, il découvre un seul regard émerveillé, ravi. Alors il se met à jouer pour ce regard, dont il n'a peut-être même pas discerné si c'est celui d'un homme ou d'une femme, pour cette lumière qui brille, là-bas, dans l'obscurité, et il devient génial.

L'être humain a besoin, de quelque façon que ce soit, de sentir un écho à ses actes, à ses paroles. S'il n'y a pas réciprocité, aucun échange n'est plus possible. Or, l'échange est la loi de la vie.

21 Octobre

Nourrir un idéal de vie spirituelle ne peut pas vous transformer en quelques mois ou même en quelques années. Et ce n'est pas parce que vous avez pris telle ou telle bonne résolution que les choses vont se dérouler exactement comme vous le décidez. Faire obéir les instincts à votre volonté, faire triompher en vous la sagesse et la raison, malheureusement, ce n'est pas si facile. Pourquoi ? Parce que c'est justement à ce moment-là que d'autres forces s'éveillent aussi en vous pour s'opposer à la réalisation de vos bons projets. Et alors, que risque-t-il de se passer ? Quand vous verrez que vous n'avez pas réussi comme vous l'espériez et dans le temps que vous espériez, vous allez vous décourager, vous aigrir et importuner les autres avec vos prétentions déçues.

Vous ne pouvez pas prendre de meilleure décision que celle de marcher sur le chemin de la lumière, de la maîtrise. Mais sachez quelles en sont les difficultés, sinon les résultats peuvent être pires que si vous continuiez à mener une vie ordinaire.

Étymologiquement, le mot vigilance appartient à la même famille que les mots « veiller », « veille », « éveillé ». Être éveillé signifie ne pas dormir. Mais qu'est-ce qui ne doit pas dormir en nous ? La conscience.

Notre corps a besoin de sommeil et il ne faut pas l'en priver. Ne pas dormir est une chose, avoir la conscience éveillée en est une autre. On peut très bien ne pas dormir et avoir une conscience somnolente, de même qu'on peut dormir tout en gardant sa conscience éveillée. Car la conscience est comme une lampe et, chez les êtres très évolués, cette lampe ne s'éteint jamais.

Le travail spirituel ne ressemble à aucun autre travail, c'est quelque chose qui touche ce que chaque être a de plus profond, de plus intime. Il faut le faire, mais sans dire ce qu'on fait. Tous ceux qui se mettent à raconter comment ils s'exercent, comment ils méditent, etc., et les résultats qu'ils obtiennent, sont des inconscients qui ne savent pas ce qu'ils vont perdre. Parler de son travail spirituel prouve qu'on n'en a compris ni la nature ni les exigences.

Je vous conseille donc de garder secret tout ce que vous faites pour vous rapprocher de cet idéal de lumière, de beauté auquel vous aspirez. En gardant ce travail secret, vous maintenez aussi en vous l'élan, l'ardeur, l'enthousiasme dont vous avez besoin pour progresser. Et si vous persévérez, si vos efforts sont vraiment sincères, sachez qu'un jour ou l'autre cela transparaîtra : tous sentiront la vie de l'esprit se manifester à travers vous.

Au fur et à mesure que vous avancez dans l'existence, vous prenez conscience d'être habité par différentes tendances dont certaines sont meilleures que d'autres. Mais prendre conscience ne suffit pas, vous devez aussi admettre la nécessité de faire un tri parmi toutes ces tendances, pour vous concentrer sur celles que vous sentez être les plus nobles, les plus constructives. Ainsi, vous découvrirez peu à peu la présence en vous de quelque chose de lumineux, de puissant, que vous ne connaissiez pas auparavant. Cette présence, c'est celle du Principe divin qui vous habite et qui attend que vous vous mettiez à son service.

Se mettre au service du Principe divin, c'est trouver chaque jour les valeurs morales, spirituelles, qui méritent que vous leur donniez la première place.

25 Octobre

Pour tout ce que la nature nous donne en abondance, ses richesses, sa beauté, nous devons, nous aussi, donner quelque chose en échange. Vous êtes étonné que ce ne soit pas gratuit ?… Si, c'est gratuit, mais vous devez, vous aussi, donner gratuitement ! Comment ? En décidant de vous servir de toutes les facultés que vous possédez pour marcher consciemment sur le chemin de la lumière et du sacrifice. Vous êtes alors embauché dans le service divin, et Dieu vous rétribue en vous donnant l'intelligence, la bonté, la beauté, etc. Voilà avec quel « argent » vous pouvez « payer » tout ce que vous prenez dans la nature.

Celui qui n'est pas embauché dans l'administration céleste ne reçoit rien, il est donc démuni, il n'a pas d'argent pour payer ce qu'il prend. Il mange, il boit, il respire, il sc promène, il fait des affaires, mais tôt ou tard les créanciers, les forces de la nature viennent le dépouiller : de gré ou de force, il doit payer.

En tant que créatures vivantes, nous sommes immergés dans un océan fluidique que la Science initiatique appelle « la lumière astrale ». Cette matière fluidique est tellement sensible que tout s'imprime en elle. Que ce soit la plus insignifiante de nos actions, la plus légère de nos émotions, la plus fugitive de nos pensées, tout laisse une trace, comme une onde qui se propage jusqu'aux confins de l'univers, c'est-à-dire jusqu'aux limites du zodiaque.

L'enceinte du zodiaque représente symboliquement les frontières que Dieu a tracées pour contenir le monde manifesté. C'est pourquoi certaines traditions ont aussi assimilé le zodiaque à un grand serpent qui enserre le monde dans la boucle de son corps. Si la destinée est si implacable, c'est parce que toutes nos pensées, tous nos sentiments, tous nos actes, les bons comme les mauvais, se sont inscrits dans cet océan fluidique auquel nous ne pouvons échapper, et qu'un jour ou l'autre ils finissent par nous rattraper.

Comprendre le rapport qui existe entre la vie pure et la clarté de la vision spirituelle est essentiel pour votre bonne évolution. Seule la pureté peut vous donner une vision correcte des choses : vous êtes toujours orienté, averti, protégé. Dès qu'il sent que vous risquez de vous égarer dans les régions obscures et dangereuses, votre œil intérieur vous prévient qu'il faut changer de direction.

Vous sentez une hésitation, une inquiétude ? C'est la preuve que cet œil, cette conscience, vous dit : « Attention, là tu vas t'enfoncer dans les marécages, ne va pas plus loin, retourne sur tes pas. » Et ensuite, quand vous avez réussi à redresser la situation, il vous dit : « Maintenant, ça va, tu es sur le bon chemin. Suis-lc, il t'amènera très haut, jusqu'au temple qui brille au sommet de la montagne, le Temple du Saint-Graal, la patrie céleste. »

La tendance des humains est de se retrancher de la vie collective, universelle, cosmique, pour vivre uniquement leur vie personnelle, individuelle. Ils s'imaginent qu'à l'écart les uns des autres ils seront protégés. Eh non, c'est une illusion. Dans cet isolement intérieur qu'ils se fabriquent, ils exposent leur âme à tous les dangers. Même si on ne peut pas toujours être avec les autres, il faut au moins être avec eux par la pensée.

Le mot « unité » est le plus profond de la science spirituelle, et le sens de notre existence est là. La conscience d'appartenir à une seule et même famille nous donne l'assurance de faire quelque chose de grand. Cette grandeur ne vient pas de nous, mais de cette famille universelle à laquelle nous appartenons : c'est elle qui nous soutient et qui nous sauve de cette sensation de pauvreté, de solitude, d'inutilité, de vide, qui peut s'emparer parfois de nous.

Quelqu'un fait un cauchemar, il rêve, par exemple, qu'il est poursuivi. Il court, il court, et puis voilà un gouffre vertigineux qui s'ouvre devant lui et il tombe… Quelle angoisse ! Même au réveil, pendant quelques minutes encore il est bouleversé comme si ce qu'il venait de rêver était la réalité. Alors, quelle conclusion tirer de cette expérience ? Si on peut prendre le rêve pour la réalité, c'est qu'on doit pouvoir aussi considérer la réalité comme un rêve. Oui, et c'est ce que font les sages. Quoi qu'il leur arrive, ils se disent : « Je souffre, je suis angoissé, je me sens poursuivi, mais c'est un rêve, et quand je me réveillerai, il ne restera plus une trace de tout cela. »

Vous direz que tous ces raisonnements ne vous empêcheront pas de souffrir. Bien sûr, mais ceux qui ont des cauchemars souffrent aussi : ils s'agitent dans leur lit, poussent des cris, et pourtant, ce qui les fait réagir ainsi n'est pas la réalité. C'est d'ailleurs ce qu'ils se disent eux-mêmes une fois réveillés. Alors, vous-même, quand vous souffrez, dites-vous que ce n'est pas la réalité.

À combien de personnes vous voudriez dire qu'elles doivent être plus patientes, plus indulgentes, plus sincères, plus stables, etc. ! Mais ne vous y trompez pas, si vous ne possédez pas vous-même les qualités que vous voulez éveiller chez les autres, quoi que vous fassiez, vous n'arriverez pas à les influencer.

Aucune parole, aucun moyen extérieur ne peut réussir à transformer les êtres humains, comprenez-le bien, aucun moyen extérieur. C'est au-dedans, dans le cœur, dans l'âme, dans l'esprit, que vous devez posséder un élément spécial. Cet élément qui vibre, qui irradie, c'est lui qui influence votre entourage ; alors, sans même avoir à ouvrir la bouche, vous faites naître en eux le désir de vous imiter. Peut-être n'y arriveront-ils pas tout de suite, parce qu'on ne se débarrasse pas du jour au lendemain de ses appétits et de ses instincts inférieurs ; mais ils se rendent compte qu'il y a en vous quelque chose de lumineux, de chaleureux, de vivant. C'est cette lumière, cette chaleur, cette vie qui s'imposent à eux, et ils veulent suivre votre exemple.

31 Octobre

Si vous voulez consacrer un objet à une entité céleste, à une activité bénéfique, commencez par le purifier. Pourquoi ? Parce que tout objet a déjà reçu l'influence des personnes qui l'ont touché, des événements qui se sont produits à côté et qui ont déposé sur lui des couches fluidiques opaques et impures. Ces couches empêchent que votre pensée puisse imprégner cet objet, car elles forment comme un écran qui fait obstacle.

Commencez donc par purifier l'objet en faisant brûler de l'encens, en prononçant des formules, puis consacrez-le à telle entité, à telle vertu, à tel travail spirituel. Il est alors réservé. C'est comme si on avait placé sur lui un écriteau : « Interdiction aux forces du mal de pénétrer. » Il est imprégné de lumière et seules les entités célestes peuvent s'installer en lui.

Pensez à vous lier consciemment à la chaîne vivante des créatures afin de bénéficier des courants d'énergies qui circulent du haut en bas de la création. C'est ainsi que vous recevrez l'élan, l'inspiration, la sagesse, l'amour, les forces nécessaires pour la vie de chaque jour. Vous demanderez : « Mais nous ne pouvons pas les trouver en nous-même ? » Oui, pour quelque temps peut-être, mais vous aurez vite épuisé vos réserves. Même si vous avez commencé avec de vastes projets, vous devrez interrompre les travaux, parce qu'il est impossible de réaliser quelque chose de grand si on ne reste pas lié à cette chaîne vivante dont le premier maillon, si l'on peut dire, est le Seigneur Lui-même. C'est exactement comme une lampe qui s'imaginerait qu'elle peut éclairer sans être reliée à la centrale électrique. Eh non, c'est la centrale qui lui envoie le courant ; la lampe, elle, n'est qu'un conducteur.

En réalité, que nous le voulions ou non, nous sommes liés, branchés à la Source divine, mais cette liaison doit devenir consciente : ainsi, nous en bénéficierons pleinement pour notre évolution et celle de toutes les créatures dans l'univers.

2 *Novembre*

Il arrive que les membres de votre famille qui ont quitté la terre, et particulièrement vos parents, vos grands-parents, viennent vous visiter, car ils ne vous ont pas oublié et ils veulent savoir ce que vous faites depuis qu'ils ne sont plus là. Quand ils vous voient engagé sur le chemin du bien, de la lumière, ils sont heureux, mais s'ils assistent à des reculs, à des chutes, ils se sentent trahis par leurs enfants.

En vous observant, ils sont aussi amenés à se poser des questions sur leurs propres agissements durant leur vie sur la terre, mais aussi sur l'éducation et l'exemple qu'ils vous ont donnés. Ils comprennent ce qu'ils ont négligé, en quoi ils ont fait des erreurs, et ils essaient de s'introduire en vous pour vous conseiller. C'est pourquoi, quand vous rencontrez des difficultés, que vous traversez des épreuves, vous pouvez vous tourner vers eux et leur demander de l'aide.

Parfois, sans savoir pourquoi, vous ressentez subitement une joie ou un chagrin. Il y a plusieurs explications possibles à cela, mais je vous en donnerai une à laquelle vous n'avez certainement jamais pensé. Il vous est sans doute arrivé de rencontrer dans la rue un passant, ou une passante, dont le visage a attiré votre regard et à qui vous avez spontanément envoyé une pensée, un rayon d'amour… Cette personne ne s'est même pas rendu compte que vous l'avez regardée, mais elle a reçu ce que vous lui avez donné de bon à travers vos yeux et elle en a ressenti les effets. Lorsque vous ressentez subitement une joie, c'est peut-être qu'une entité du monde invisible, en passant, vous a regardé en projetant son amour sur vous, et votre cœur a été touché. Partout, où que nous soyons, nous nous trouvons au milieu d'une foule d'êtres visibles et invisibles, et nous recevons tantôt de bonnes choses, tantôt de mauvaises, ce qui explique beaucoup de nos différents états.

Le soleil, qui nous regarde chaque jour, nous envoie lui aussi des ondes vivifiantes. Et parce qu'il est une image de Dieu, notre soleil spirituel, nous devons devenir conscients qu'à travers le soleil, c'est Dieu qui nous regarde. Aimer Dieu, c'est se présenter chaque jour devant Lui pour recevoir son regard.

La vie… Oui, tout d’abord la vie. Quel que soit le domaine que vous étudiez et où vous exercez votre activité, vous devez mettre la vie au centre et voir cette vie dans sa dimension la plus vaste, la plus haute. Une fois que vous vous êtes ancré dans l’essentiel, alors seulement vous pouvez vous permettre d’aller tout autour faire des explorations.

Dès le moment où vous avez commencé à travailler sur l’essentiel, ce que vous faites ensuite bénéficie de cette lumière et prend pour vous un autre sens, une autre dimension. Non seulement vous parvenez à une meilleure connaissance des choses par l’intellect, mais en même temps tout un processus de régénération se déclenche au plus profond de vous, car vous êtes de nouveau entré en relation avec le tout : vous communiez avec les courants subtils de l’univers, vous êtes plongé au sein de la vie cosmique, vous participez à cette vie en harmonie avec toutes les créatures visibles et invisibles, votre champ de conscience s’élargit et s’enrichit à l’infini.

Quand Jésus disait : *« Soyez parfaits comme votre Père céleste est parfait »,* il ne croyait évidemment pas que les humains puissent atteindre la perfection de leur Père céleste. Et pourtant, c'est cet idéal qu'il nous a présenté, parce qu'il est le seul capable de satisfaire notre besoin d'absolu. Il est impossible que notre existence se limite à la satisfaction de quelques ambitions. Nous devons chercher l'introuvable, marcher vers l'inaccessible, tenter l'irréalisable. C'est ainsi que nous resterons toujours en haleine et vivants.

L'Intelligence cosmique a tout prévu. Le long des voies sans issue où les humains sont tentés de s'égarer, elle a dressé des obstacles qui les obligent à faire demi-tour. Tandis que sur la bonne voie, même difficile, ils ne sont jamais arrêtés. Peu importe que l'idéal soit irréalisable, il est présent en eux… idéalement. Il participe chaque jour à ce qu'ils vivent, c'est de lui qu'ils reçoivent la force, la paix et la joie. Alors que, souvent, les buts plus accessibles leur font perdre cette force, cette paix et cette joie.

À l'heure actuelle, c'est merveilleux, vous pouvez rencontrer des Initiés partout, même dans les cabarets et les lieux de plaisir ! Et comment les reconnaissez-vous ? Oh ! c'est simple, ce sont eux qui vous le disent : « Je suis un Initié. » Certains ajouteront même qu'ils sont parvenus au septième, au huitième ou au neuvième degré de l'Initiation, et les naïfs, les aveugles se réjouissent : ils ont trouvé un Initié qui, en quelques jours, va les initier eux aussi, quelle bénédiction !

Dans le passé, les Initiés n'étaient connus de personne, sinon de ceux qui les cherchaient sincèrement et savaient les discerner. Ils ne disaient jamais qu'ils étaient des Initiés, ils restaient secrets, obscurs, cachés. Comme l'Hermite de la neuvième carte du Tarot, ce vieillard qui tient à la main une lampe et l'abrite dans les plis de son grand manteau pour la dérober aux regards de la foule. Voilà l'image du véritable Initié.

Un microcosme créé à l'image du macrocosme, l'univers, c'est ainsi que la Science initiatique présente l'être humain. Et puisqu'au sommet de l'univers règne le Seigneur, dans l'être humain aussi existe un sommet, qui représente le Seigneur, et ce sommet, c'est son Moi supérieur. C'est pourquoi, quand vous vous concentrez sur le Seigneur pour qu'Il exauce vos désirs, vous touchez le sommet de votre être, et il se déclenche alors des vibrations tellement pures et subtiles qu'en se propageant elles produisent en vous des transformations extrêmement bénéfiques. Et même si vous n'obtenez pas du Seigneur tout ce que vous avez demandé, vous gagnez quelque chose, un élément très spirituel.

Souvent, c'est vrai, vous n'êtes pas exaucé, parce que, d'après le Ciel, ce que vous demandez ne serait pas tellement bon pour vous, et il se peut donc qu'il refuse de vous l'accorder. Mais l'utilité de cette demande, c'est que vous êtes arrivé à toucher le sommet en vous-même. Vous avez pu déclencher ainsi une puissance supérieure qui, en se propageant, influence toutes vos cellules, toutes les entités au-dedans de vous, et qui vous apporte des éléments extrêmement précieux.

8 Novembre

Très jeunes, déjà, certains enfants ont besoin de s'affirmer, de se montrer plus forts que les autres. Il ne faut pas nécessairement combattre cet instinct en eux, il est naturel que les enfants soient attirés par la force, la puissance. Mais les adultes ont là tout de même leur mot à dire en leur montrant la différence qui existe entre la vraie force et la force apparente. Les enfants se laissent facilement impressionner par les paroles hardies, le bluff, les menaces, et ils ont besoin qu'on leur explique que le désir d'être fort est tout à fait louable, mais à condition d'être bien orienté.

Il faut donc aider les enfants, les pousser même à acquérir la vraie force, celle qui se trouve dans l'intelligence, dans l'amour, dans la bonté. La vraie pédagogie consiste à orienter, pas à réprimer, sinon on abîme les enfants : ils deviendront poltrons, craintifs, chétifs, ils se soumettront à n'importe qui et à n'importe quoi, ce qui sera bien pire.

On est étonné de voir combien de personnes qui se disent spiritualistes, se lancent – et avec quelle obstination ! – à la recherche de trésors. Et elles croient qu'elles vont réussir parce qu'elles ont découvert, dans de vieux grimoires, des formules magiques pour contraindre les esprits à satisfaire leurs convoitises. Mais voilà que les esprits du monde invisible peuvent les tromper, car il ne faut pas croire qu'ils sont tous bien disposés à l'égard des humains. Et puis ils n'acceptent pas d'aider n'importe qui. Celui qui veut les dominer, s'imposer à eux, doit posséder de grandes vertus et faire preuve de beaucoup de courage ; dans certains cas il doit même être capable d'affronter les puissances de l'enfer.

Il n'est pas interdit de chercher des trésors, mais à condition de savoir lesquels, quand et d'après quelles règles, sinon on succombera. Et le spiritualiste doit commencer par apprendre à extraire l'or caché au fond de son âme, car c'est cet or qui le rendra non seulement riche, mais invulnérable.

Combien de gens n'ont pas peur de trinquer avec tous les diables de l'enfer, mais l'esprit, la lumière, les états supérieurs de la conscience, ils en ont la plus grande crainte, ils les fuient. Au fond d'eux-mêmes ils sentent qu'ils ont encore besoin de donner libre cours à leurs caprices, à leurs convoitises ; alors comment n'auraient-ils pas peur d'une lumière qui leur montrera leurs faiblesses et qui leur donnera des remords chaque fois qu'ils se rendront compte qu'ils ont mal agi ?

Ceux qui craignent la lumière de l'esprit n'en ont pas correctement analysé la cause, et ils se justifient en donnant toutes sortes de prétextes malhonnêtes, comme par exemple que la spiritualité déséquilibre les gens, les pousse à négliger la vie familiale et sociale. Tandis qu'ils sont, eux, des parents et des citoyens magnifiques, vous comprenez… Eh bien, non, la vérité, c'est qu'ils fuient la lumière, car ils sentent qu'elle est la pire ennemie de leur nature inférieure qu'ils ne veulent pas faire l'effort de maîtriser.

Dans les églises et les temples on a coutume d'allumer des cierges, de faire brûler de l'encens. Pourquoi ? Parce que la bougie et l'encens qui brûlent sont le symbole du sacrifice, c'est-à-dire la transformation d'une matière brute en une matière plus subtile : lumière, parfum. Cette lumière, ce parfum qui accompagnent les prières des fidèles montant vers le Seigneur, représentent ce qu'ils doivent brûler en eux-mêmes pour être entendus.

Aucun des actes que l'homme accomplit dans sa vie n'est le fait du hasard ; même ceux qui paraissent insignifiants contiennent un sens profond. Alors, chaque fois que vous allumez une bougie ou un feu, vous devez être saisi par la profondeur de ce phénomène qu'est le sacrifice, et penser que pour avoir accès aux plans supérieurs de l'âme et de l'esprit, il faut toujours brûler quelque chose en soi. Il y a tellement de choses accumulées à l'intérieur de nous et que nous pouvons brûler ! Toutes les impuretés, toutes les tendances égoïstes, passionnelles, voilà la matière que nous devons brûler pour produire une lumière qui ne nous quittera jamais.

12 Novembre

Instinctivement, les humains ne cessent de se projeter dans l'avenir, ils vivent avec l'espoir que demain sera meilleur, mais cette projection dans l'avenir n'est souvent qu'une fuite. Où prennent-ils l'espoir que le futur peut être meilleur que le présent ? La vérité, c'est que le futur sera pire encore s'ils se contentent d'espérer sans travailler.

Les bonnes choses arrivent rarement de l'extérieur. Si elles arrivent, tant mieux ; mais c'est vous, surtout, qui avez le pouvoir de faire tourner les événements à votre avantage ou à votre détriment. Car vous pouvez vivre chaque événement de deux manières : l'une qui vous élève au-dessus de vous-même, et l'autre qui vous abaisse ou même vous fait tomber. Travaillez avec la sagesse, l'amour, la volonté, et vous transformerez les conditions extérieures les plus défavorables en bénédictions pour vous-même et pour les autres.

On peut comparer un symbole à une graine que l'on met en terre. Comme il le ferait pour une graine, l'Initié enfouit chaque symbole dans sa tête et l'arrose souvent ; peu à peu apparaît une tige qui croît, se renforce, jusqu'à devenir un arbre immense. Alors l'Initié se réjouit, il travaille à l'ombre de cet arbre, cueille les fruits, ressème les graines et tout recommence.

Le monde des symboles est un monde vivant. De même que la graine contient tout un arbre en puissance, de même un symbole synthétise tout un pan du savoir. Si vous posez la question : « Mais à quoi sert un symbole ? » je vous demanderai : « Et à quoi sert une graine ? » En travaillant avec une dizaine de symboles, nous possédons la totalité du savoir. Il nous est impossible d'emporter partout avec nous une grande bibliothèque, mais avec quelques symboles nous transportons tous les livres sacrés de l'humanité, car tous ces livres se résument en quelques symboles. Mais pour déchiffrer ces symboles, pour qu'ils nous parlent, il faut que nous arrivions à les rendre vivants en nous.

14 Novembre

Ce n'est pas parce que les humains reconnaissent la valeur morale, spirituelle d'un être et décident de s'instruire auprès de lui qu'ils savent comment le considérer et trouver la bonne attitude à son égard. Ils sont encore tellement dominés par leurs partis pris, leurs désirs égoïstes, qu'ils s'attendent tout naturellement à ce que cet instructeur s'y conforme, et alors voilà les complications qui commencent. C'est pourquoi, le plus souvent, un sage choisit de se tenir à l'écart des agitations et des passions humaines.

Mais ce n'est pas la sagesse seule qui conseille un véritable Maître spirituel, il est aussi inspiré par l'amour. Il se dit : « Je vais m'attirer là des difficultés qui me retarderont dans mon propre travail, mais à quoi sert-il que j'avance seul ? Je ne peux pas laisser mes frères et sœurs dans les ténèbres, le doute, les angoisses… Je serai libre, bien sûr, mais je ne serai pas vraiment heureux si je ne contribue pas aussi à leur libération ».

Vous voulez vous sentir libre ? Travaillez à ennoblir vos pensées et vos sentiments, car la véritable liberté est la liberté intérieure. Il est évidemment souhaitable d'être libre aussi de ses mouvements dans le plan physique, mais considérez que cette liberté-là est secondaire. La seule liberté à laquelle il vaut la peine d'aspirer est la liberté intérieure. Car à quoi cela vous servira-t-il de pouvoir aller librement où vous voulez, si vous transportez en vous des pensées et des sentiments qui vous empoisonnent, qui vous ligotent et qui finiront un jour par vous clouer au lit ? De quelle liberté peut-on parler à ce moment-là ?

Ne cherchez donc pas tellement la liberté physique, car c'est elle souvent qui donne toutes les possibilités de s'égarer et de tomber dans des pièges. Mais cherchez la sagesse, l'amour, la vérité, la justice, la bonté, car alors, où que vous soyez, quelles que soient les conditions, vous vous sentirez libre.

L'intellect n'a par lui-même aucune préoccupation morale : il cherche, trouve, invente, échafaude, combine, sans se préoccuper de la manière dont ses inventions seront utilisées. C'est ainsi que, grâce à leurs facultés intellectuelles, les chercheurs ont mis à la disposition des humains des moyens techniques extrêmement dangereux sans se demander dans quels buts ils les utiliseraient. Car si l'intellect est le père des inventions, il est aussi celui des utilisations. Quand les premiers chimistes ont commencé à isoler des gaz, est-ce qu'ils avaient imaginé que d'autres auraient l'idée de s'en servir pour anéantir des millions de personnes ?

Seul le cœur peut remédier aux effets malfaisants de l'intellect. Si, face à l'intellect, le cœur ne prend pas la place qui doit être la sienne, ce sera la perte de l'humanité. Il y a eu dans le passé des cultures, des civilisations qui dépassaient la nôtre, et elles ont disparu à cause de la prépondérance donnée à l'intellect au détriment du cœur ; car l'intellect pousse toujours les humains sur le chemin de l'égoïsme, de la domination, de l'injustice, de l'asservissement des êtres et de la nature. Et si notre humanité continue sur ce chemin, si rien ne vient équilibrer les forces destructives qui se manifestent de plus en plus, elle aussi disparaîtra.

Essayez chaque jour de prendre conscience que vous n'êtes pas une entité distincte du Seigneur et vous finirez par sentir qu'il n'existe réellement aucune distance entre Lui et vous. Les conséquences de cette prise de conscience sont d'une extrême importance. Vous le savez : lorsque vous êtes en contact avec un être, vous recevez ses bonnes et ses mauvaises influences. Donc, si vous entrez en contact avec le Créateur, peu à peu, comme Lui, vous deviendrez lumineux, puissant, plein d'amour. Jusque-là, quoi que vous fassiez, vous n'obtiendrez jamais de grands résultats, car vous resterez toujours un être séparé, et un être séparé de la toute-puissance divine ne peut être que faible.

Les Maîtres hindous donnent à leurs disciples cette formule à répéter : « Moi, c'est Lui », car en se pénétrant de cette vérité, le disciple comprend que seul « Lui », c'est-à-dire Dieu, existe. Alors sa conscience s'élargit, il se fond dans l'immensité, il devient « Lui » et, comme « Lui », il peut réaliser des merveilles.

Les relations entre les hommes et les animaux sont encore mal connues. Il est difficile de discerner des signes qui révèlent qu'une âme humaine est condamnée à vivre dans un corps d'animal pour y expier des fautes commises dans une existence antérieure. Mais c'est une réalité : la loi karmique peut placer, pour une durée déterminée, une âme humaine dans un corps d'animal, où elle cohabite alors avec l'âme animale, mais sans la déloger…

Combien de tyrans sont ainsi condamnés à vivre, au moins momentanément, dans le corps d'un animal ! Exposés aux intempéries, obligés de chercher chaque jour leur nourriture, sans cesse aux aguets, traqués, maltraités, frappés, ils font l'expérience de ce qu'ils ont fait subir aux autres. C'est cela leur punition, et quand ils ont enfin compris, leur âme est libérée. Car on ne doit jamais perdre de vue qu'il existe une différence de nature entre l'âme humaine et l'âme animale à laquelle elle est liée pour un temps : lorsque l'âme humaine, libérée, se sépare d'elle, l'âme animale continue à vivre sa propre vie.

Il y a de par le monde tellement de choses intéressantes à voir, à entendre, à lire, etc., c'est vrai. Mais, tout de même, tâchez de ne pas trop vous arrêter sur des sujets qui ne peuvent pas vous aider à transformer votre existence, appliquez-vous plutôt à améliorer votre façon de vivre. Car c'est par votre façon de vivre que vous attirerez le vrai savoir. Sinon, voici ce qui va se passer : vous allez vous préoccuper d'entasser des connaissances par tous les moyens qui sont à votre disposition, les livres, la radio, le cinéma, la télévision ; mais ce que vous allez enregistrer ainsi, vous ne le garderez pas longtemps ; quelques années après, tout sera effacé, parce que la vie que vous menez n'influence pas favorablement votre mémoire, et ces connaissances disparaîtront.

Il est inutile de perdre votre temps à acquérir un savoir qui vous quittera peu après. Mais améliorez votre façon de vivre, et la véritable mémoire commencera à s'éveiller en vous, vous allez vous souvenir de ce que vous avez appris depuis des milliers d'années à travers vos différentes incarnations. Notez cela et ne l'oubliez jamais. Celui qui sait vivre divinement, tout le savoir millénaire qui s'est enregistré en lui commence à remonter à sa conscience.

20 *Novembre*

Il est naturel de regretter les fautes que l'on a commises, mais il ne faut pas s'y appesantir et se frapper continuellement la poitrine en pensant qu'on va attirer ainsi la miséricorde divine. Non, en réalité, par cette attitude on ne fait que recréer dans l'astral des clichés, des laideurs, des misères, toujours les mêmes, et on les nourrit.

Vous avez commis des erreurs et vous les regrettez ? Très bien, mais ne les ressassez pas. Une fois que vous avez compris en quoi vous avez mal agi et pourquoi, rappelez à votre mémoire les moments lumineux que vous avez certainement connus aussi, ces moments où vous vous êtes senti un enfant de Dieu, léger, heureux, rempli d'amour pour le monde entier. Vous rétablissez ainsi dans votre âme des conditions pour que les entités qui avaient participé à ces états de joie et de lumière reviennent vous visiter, et vous recevez à nouveau des forces et des bénédictions.

La tendance naturelle des humains est de vouloir punir celui qui a mal agi. Mais dans quel but veulent-ils le punir ? Parce qu'ils souhaitent qu'il s'améliore, ou bien veulent-ils seulement appliquer la justice et régler des comptes ?…

Punir un malfaiteur sans lui donner les moyens de se corriger, cela ne s'appelle pas justice, mais vengeance. Combien s'imaginent qu'en emprisonnant les criminels on leur donne une leçon !… Pas du tout, ils deviennent souvent pires qu'avant. Et d'autres pensent qu'en les condamnant à mort, on procède à une élimination purificatrice. Mais quand on extermine les moustiques sans s'occuper des marécages, les moustiques reviennent de plus belle, vous ne l'avez pas constaté ? Et dans nos sociétés se promènent des moustiques d'une espèce particulière. Si on ne veut plus être piqué, il ne faut pas leur laisser les conditions où ils ne peuvent que proliférer.

Il est possible pour un Maître spirituel de chasser les entités malfaisantes qui se sont emparées d'un homme ou d'une femme. S'il le juge nécessaire, il accepte la lutte contre ces entités et il les met en fuite. Seulement voilà, lorsqu'on délivre un être possédé par des esprits ténébreux, ils partent tout de suite à la recherche d'une autre demeure. Même les Évangiles présentent ce cas.

Lorsque Jésus délivre de ses démons le possédé de Gérasa, il est dit que ceux-ci le suppliaient *« de ne pas leur ordonner d'aller dans l'abîme. »* Alors, Jésus les fit entrer dans un troupeau de pourceaux qui se trouvaient là, et ces pourceaux se précipitèrent dans la mer où ils se noyèrent. On peut donc chasser les esprits ténébreux, mais ils iront chercher asile ailleurs chez d'autres êtres vivants. C'est pourquoi l'exorcisme est une question qu'il faut étudier avec beaucoup de soin.

La vie quotidienne n'est qu'une suite de préoccupations et d'activités multiples dans lesquelles vous êtes obligé de vous éparpiller et c'est pourquoi, à la fin de la journée, vous ne savez plus très bien parfois où vous en êtes. Mais il y a un remède à cela : où que vous soyez, plusieurs fois par jour, habituez-vous à vous arrêter quelques instants pour vous recueillir et reprendre ainsi contact avec votre véritable Moi. Que vous vous trouviez chez vous, au travail, ou même dans la rue, pensez à faire cet exercice.

Vous direz : « Comment ? Dans la rue ? Méditer dans la rue ? » Non, je ne dis pas que vous devez méditer dans la rue, mais vous pouvez très bien vous arrêter quelques secondes devant la vitrine d'un magasin, et là, sans être nécessairement concentré, tendu, fixé sur quelque chose, vous fermez les yeux quelques secondes sans penser à rien. C'est à ce moment-là que l'âme et l'esprit ajustent les courants, vous retrouvez votre unité intérieure, et vous vous sentez apaisé, renforcé. Exercez-vous et vous comprendrez combien cette pratique, insignifiante en apparence, peut vous aider.

Aucun être humain ne naît parfait, et même parmi les plus grands sages, les plus grands Initiés, aucun n'est jamais sorti du sein de sa mère auréolé de lumière divine. Par combien de tribulations, combien de souffrances il a dû passer pour trouver son chemin et, lorsqu'il l'a trouvé, ne jamais s'en s'écarter ! Longtemps, lui aussi a pleuré et supplié…

Les injustices, les outrages, les trahisons n'affectent pas tellement les sages et les Initiés. Ils pleurent, ils supplient seulement pour recevoir la lumière et la conserver. Et ces larmes versées pour la lumière, les anges les recueillent précieusement.

Lorsque vous sentez que vous avez remporté une victoire sur votre nature inférieure, restez modeste. Et pour rester modeste, vous devez penser que ce n'est pas à vous qu'en revient le mérite, mais au Seigneur qui vous a donné le pouvoir de la maîtriser. Donc, après chaque victoire, dites : « Ce n'est pas à moi, Seigneur, ce n'est pas à moi, mais c'est à ton Nom qu'en revient la gloire. » Sinon vous risquez de tomber dans les pièges de l'orgueil et de la vanité, comme c'est déjà arrivé à beaucoup.

Et quand on vous félicite parce que vous avez bien agi ou fait un bon travail, dites encore : « Ce n'est pas à moi, Seigneur, c'est à ton Nom qu'en revient le mérite. » Car en faisant votre éloge, il arrive que, sans le vouloir, les autres vous tendent des pièges : ces éloges peuvent vous tourner la tête. Il faut travailler pour la gloire de Dieu, et si l'on vous donne des louanges, reportez ces louanges sur Lui. C'est par cette attitude que vous vous révélez comme son serviteur. Quant à votre véritable gloire, ce n'est pas votre gloire personnelle, mais la gloire de Dieu.

26 *Novembre*

Observez ce qui se passe autour de vous et dans le monde : vous verrez tellement de cas où les humains sont occupés à s'entraîner les uns les autres sur des chemins où ils ne peuvent que rencontrer la ruine physique et psychique ! Regardez de quoi on les occupe, avec quoi on les distrait, avec quoi on les amuse, et tout ce qu'on leur présente pour exciter leurs convoitises !

Que de mises au point devraient faire les humains pour trouver enfin la bonne direction ! Chaque jour, tellement de choses les sollicitent, les bouleversent, les bousculent ! C'est pourquoi y voir clair est la première tâche qu'ils ont à entreprendre : y voir clair pour faire un tri et se concentrer sur les activités qui les aident à creuser, à entrer profondément en eux-mêmes pour découvrir la lumière.

27 Novembre

Toute notre existence est réglée par l'alternance de la lumière et des ténèbres, du jour et de la nuit. La nuit est, symboliquement, le domaine de l'invisible, du non-manifesté ; le jour est celui du visible, du manifesté. Et le manifesté dépend du non-manifesté, comme le jour dépend de la nuit.

C'est dans « la nuit », c'est-à-dire dans l'invisible, que se préparent les événements qui se produiront pendant « le jour », car tout phénomène matériel n'est qu'une concrétisation de quelque chose d'immatériel. C'est ce qui explique aussi qu'un clairvoyant puisse prédire les événements à venir : il les a déjà vus réalisés dans l'invisible. Il faut un certain temps pour que ces événements atteignent le plan physique, mais ils l'atteignent nécessairement puisqu'ils sont déjà inscrits en haut.

Quand l'être humain s'écarte des voies de la sagesse et de l'amour, les cellules de tous ses organes en subissent les conséquences, elles n'ont plus la même vitalité, on peut même dire qu'elles sont découragées ; alors, quand la maladie survient, elles sont incapables de la combattre. Le général qui veut communiquer à ses hommes l'élan nécessaire pour repousser l'ennemi, s'efforce de leur donner un exemple d'intégrité, de force d'âme, en sachant que les soldats l'imiteront. Dans tous les domaines, c'est la même loi qui se vérifie.

Quelqu'un vient me dire : « Je ne sais pas pourquoi, mais je me sens bizarre, tout me fatigue, m'irrite, je n'ai de goût pour rien. » Eh bien, pour moi c'est clair : il a transgressé les lois de la sagesse et de l'amour. En transgressant ces lois, il a affaibli ses défenses, il a laissé son aura se fissurer, et ses énergies s'en vont par ces fissures. Qu'il marche à nouveau sur le chemin de la sagesse et de l'amour, et son aura fera de tout son être une forteresse imprenable.

Dans la *Genèse* il est dit que lorsque Jacob quitta la terre de Canaan pour chercher une épouse, il arriva dans un lieu où il passa la nuit. Là, il s'endormit la tête posée sur une pierre. Pendant son sommeil il vit une échelle qui reliait la terre au ciel avec des anges qui montaient et descendaient. C'est ainsi qu'il eut la révélation de cette hiérarchie cosmique que les kabbalistes appellent l'Arbre de Vie.

La terre et le ciel ne sont pas séparés, il existe entre eux toute une circulation, des échanges. Des clairvoyants ont pu voir des êtres qui descendaient et travaillaient sur les humains, les animaux, les plantes, les pierres… Certains repartaient très vite, alors que d'autres, au contraire, restaient plus longtemps afin de continuer leur tâche. Pour le moment, très peu croient à la réalité de ces créatures et du travail qu'elles font, mais un jour, toute l'humanité sera consciente de cette circulation qui existe entre la terre et le ciel, entre la terre et le soleil, et même plus loin encore dans tout l'univers jusqu'à l'infini.

30 Novembre

La patience est une qualité du grand âge, et l'espérance celle de la jeunesse. Oui, la jeunesse espère, et si elle ne voit pas rapidement venir ce qu'elle espère, elle s'impatiente. La vieillesse, elle, n'espère plus grand-chose, mais elle a appris à supporter patiemment.

En réalité, il faut que patience et espérance se rencontrent. Là où il y a l'espérance, la patience doit venir apporter son soutien. Et quand la patience est là, l'espérance ne peut pas être loin : si on n'espère rien, s'il n'y a rien à attendre, comment et pourquoi être patient ? Mais quand patience et espérance cheminent ensemble, année après année, l'avenir s'ouvre largement.

Vous voulez être vivant ? Conservez le plus longtemps possible le besoin de progresser. Tellement de puissances sommeillent en vous qui attendent d'être réveillées ! Pourquoi continuez-vous à les endormir ? On rencontre des gens qui n'ont que cinquante, soixante ans, ou moins encore, et ils semblent déjà morts et enterrés. Oui, on voit même la pierre tombale qui les recouvre et sur laquelle il est écrit : « Ci-gît Untel ». Pourquoi ?

Même si la fatigue est là, même si la vieillesse approche, il faut se dire qu'il y a toujours des progrès à faire, quelque chose à comprendre, quelque chose à entreprendre et ne jamais accepter l'engourdissement, la stagnation. Même paralysé, même mourant, il reste encore quelque chose à faire… ne serait-ce que remercier le Ciel.

2 Décembre

Comment peut-on se demander s'il est utile d'avoir un Maître ?... Même dans l'invisible un Maître s'efforce de guider ses disciples, de les inspirer. Son regard les observe, il décèle leurs lacunes, leurs faiblesses, leurs souffrances. Il ne leur fait pas toujours directement des observations, mais par la pensée, il chuchote à chacun : « Étudie, exerce-toi, sois plus patient, plus généreux... Ne perds pas courage... »

Tous les disciples véritables perçoivent la présence de leur Maître ; c'est leur élan intérieur, leur désir de perfectionnement et leur soif de vérité qui l'appellent et l'attirent. Ses pensées, ses sentiments, ses actes émettent des ondes fluidiques, et à leur insu, les disciples absorbent les particules subtiles qui jaillissent de son aura. Alors, leur aura aussi se clarifie, se purifie.

Les mouvements que nous faisons avec la main, ou seulement avec un doigt, et plus particulièrement avec le pouce, influencent notre psychisme. Voici quelques exercices.

Quand vous sentez la lassitude vous envahir, fermez le poing et, en écartant le pouce, tournez votre main à droite et à gauche, puis remuez aussi le pouce de bas en haut. Pour déclencher en vous la volonté d'entreprendre un travail, commencez par serrer le poing, afin de vous rendre maître de toutes les forces qui sont à votre disposition. Et gardez toujours le pouce à l'extérieur, replié sur les doigts, ne le rentrez jamais dans le poing. Ce troisième mouvement vous aidera à dominer les énergies en vous et à leur donner une bonne direction : avec le pouce et l'index de la main gauche, touchez l'un après l'autre les doigts de la main droite en appuyant légèrement de bas en haut.

Il faut prendre au sérieux ces exercices apparemment insignifiants, mais tellement importants pour notre vie psychique et spirituelle. Car l'univers entier est présent dans nos mains. Elles possèdent des sortes de commutateurs qui peuvent nous mettre en communication avec les forces de la nature et avec les hiérarchies angéliques aussi.

Le progrès technique serait une des meilleures choses si les humains ne le mettaient pas, comme ils le font, au service de leur avidité avec, pour conséquence, le risque de détruire les bases mêmes de leur existence sur la terre. C'est pourquoi le progrès technique n'est pas le véritable progrès. Être capable d'envoyer des engins sur la lune ou sur d'autres planètes, bien sûr, c'est extraordinaire. Mais en définitive, c'est pour faire quoi ? Pour en exploiter les ressources et y commettre les mêmes dégâts que sur la terre ? Pour se battre dans l'espace ? Pour aller semer la pagaille dans tout l'univers ?…

Il n'y a rien de mauvais en soi à vouloir explorer le cosmos, mais pas avant de trouver la bonne attitude à avoir vis-à-vis de la terre. Les humains ne respectent rien, ils se prennent pour les maîtres de l'univers, ils sont prêts à tout bouleverser pour satisfaire leur curiosité ou leur cupidité. Eh bien, il faut qu'ils sachent qu'un jour ils devront payer très cher cet irrespect et cette violence.

Jésus disait : « *Cherchez d'abord le Royaume de Dieu et sa Justice.* » Pourquoi d'abord le Royaume de Dieu ? Parce qu'il représente un état de perfection, de plénitude. Tout y est contenu : la santé, la richesse, la beauté, l'ordre, la liberté, la paix, la sagesse, l'amour, la joie... C'est pourquoi Jésus ajoute : « *Et tout le reste vous sera donné par surcroît* ». Tout le reste, toutes les bénédictions que vous pouvez demander, le Royaume de Dieu en est la synthèse.

Vous dites : « Ah, si j'avais le pouvoir... si j'avais la richesse... si j'avais la beauté ! » Mais ce ne sont que des aspects particuliers, des attributs du Royaume de Dieu, et dès que l'on commence à en souhaiter un en particulier, c'est le déséquilibre qui s'installe. Le Royaume de Dieu est avant tout un état d'équilibre et d'harmonie. Si on insiste sur un point, on le fait nécessairement au détriment d'autre chose et on introduit donc déjà le germe du déséquilibre. Tout ce dont notre âme, notre esprit, notre cœur, notre intellect, notre corps physique ont besoin est contenu dans ces mots : le Royaume de Dieu.

Celui qui a beaucoup d'amour dans son cœur est heureux avec tout le monde. Oui, il découvre chez tous les êtres des qualités, des richesses, et c'est en lui seulement qu'il constate des lacunes. Or, généralement, c'est plutôt le contraire qui se passe. Au lieu de se dire : « Si je trouve les autres tellement difficiles à supporter, c'est que je manque d'amour… et de sagesse aussi », on va raconter partout ce que tel ou tel a dit et fait de stupide ou de méchant. Mais que croit-on gagner en agissant ainsi ? Au moment où quelqu'un commence à vous exaspérer, il est plus utile de chercher en lui ce qui vous permettrait de l'apprécier.

Vous direz que ce que je vous demande là est vraiment difficile. Eh bien, oui, c'est difficile, mais à quoi croyez-vous que vous arriverez en ne recherchant que ce qui est facile ? Le seul moyen de dominer les difficultés, c'est de ne pas rester là à ruminer, mais de comprendre tout ce que vous allez gagner en cherchant à vivre fraternellement les uns avec les autres.

Les vertus que nous sommes capables de manifester dans notre vie ne sont pas notre œuvre, ce n'est pas nous qui les créons. Ces vertus viennent de très loin, de très haut, et nous sommes seulement les transmetteurs, les conducteurs des entités divines dont elles sont l'incarnation.

Vous avez agi avec bonté, générosité ? C'est que les entités de l'amour vous ont choisi comme messager, parce que vous avez travaillé à acquérir ces qualités et que vous possédez les éléments nécessaires, l'état convenable pour assurer leur transmission. Une autre personne peut s'être préparée pour devenir une messagère de la sagesse ; ce sont alors d'autres entités qui se manifestent à travers elle pour propager la lumière. Et il en est de même pour le courage, la pureté, la beauté, toutes les autres vertus… La nature est fidèle et véridique ; elle détermine et classe chaque être selon son travail, son idéal, et chacun devient ainsi un médium pour les entités que ses aspirations ont réussi à attirer.

Comme l'animal, l'être humain doit se nourrir pour subsister. Mais à la différence de l'animal, il peut, par sa conscience, trouver dans l'acte de manger le moyen de grandir psychiquement, spirituellement. Et j'irai même plus loin : tant qu'il n'est pas capable de donner à cet acte une dimension plus vaste, plus profonde, il est inutile qu'il se prétende cultivé, civilisé.

C'est pour moi un test. Quand les humains apprendront à manger avec une conscience éclairée, en s'émerveillant de la nourriture, en pensant avec reconnaissance que tout l'univers a travaillé pour produire ces fruits, ces légumes, ces céréales grâce auxquels ils reçoivent la vie, à ce moment-là oui, on pourra parler de culture et de civilisation.

Pour comprendre une vérité, il ne vous suffit pas de la laisser entrer dans vos oreilles ou même dans votre cerveau, car là encore elle reste à la périphérie de votre être, elle ne pénètre pas vraiment en vous. Et alors, un jour ou l'autre, elle s'efface, vous l'oubliez.

Comment ne pas oublier les vérités que vous avez reçues ? En les faisant en vous chair et os. À ce moment-là, même si vous perdez la mémoire, vous ne les oublierez pas. Intellectuellement, peut-être, vous ne saurez rien en dire, parce que la faculté de mémoire, liée au plan mental, vous aura quitté, mais plus profondément ces vérités resteront en vous. Vous les emporterez quand vous partirez dans l'autre monde, et quand vous reviendrez sur la terre, elles seront toujours avec vous, parce qu'elles formeront désormais la quintessence de votre être.

La véritable clairvoyance est une faculté que vous ne pouvez développer qu'en vous élevant jusqu'au sommet de votre être, votre Moi supérieur. Chaque jour, pensez que vous parvenez à monter jusqu'à lui, que vous vous identifiez à lui : vous vous maintenez sur cette hauteur le plus longtemps possible et, de là, vous plongez votre regard dans l'univers… Parce que votre Moi supérieur est omniscient, en vous identifiant à lui, tout ce que vous avez déjà acquis à votre insu comme connaissances, descend peu à peu jusqu'à votre conscience, et vous êtes ébloui de tout ce que vous vous sentez soudain capable de comprendre, de découvrir.

La seule vision réelle est celle que vous donnent les yeux de l'esprit. Au début vous aurez l'impression de ne rien voir, mais persévérez… En faisant chaque jour l'effort de vous identifier à votre Moi supérieur, vous préparez le terrain pour la véritable clairvoyance.

En considérant le bien et le mal comme des adversaires irréductibles, l'être humain est sans cesse tiraillé entre les deux, il ne sait pas comment retrouver cette unité qui fait de lui un être fort et maître de toutes les situations. Vous direz : « Mais nous n'y pouvons rien, la réalité est là : nous sommes pris entre les forces du bien et celles du mal… »

Tant que vous serez sur la terre, vous aurez ce problème à résoudre, et pour le résoudre voici une méthode parmi d'autres : apprenez à répondre aux entités ténébreuses qui veulent vous prendre dans leurs filets. Mais ne leur répondez jamais par la violence, car cela ne fait que les renforcer. Quand vous les sentez approcher sous forme de tentations, de mauvaises pensées, de mauvais sentiments, ne vous dressez pas contre elles. Dites-leur que vous êtes enchanté de leur venue, et pour les accueillir apportez la lumière, allumez toutes vos lampes intérieures : immédiatement ces visiteurs s'enfuiront, parce qu'ils sont laids, mal vêtus et ne veulent pas être vus ! Oui, seule la lumière en vous peut être une réponse aux esprits du mal. Vous ne les affrontez pas, vous apportez seulement la lumière. Et c'est grâce à la lumière que vous avancerez chaque jour de plus en plus sur le chemin de l'unité intérieure.

Quel est le mobile de la majorité des humains ? Prendre. Partout où ils vont, ils cherchent ce qu'il y a à prendre. Ils étudient, ils travaillent, ils se marient, ils se rencontrent pour prendre ; leur pensée est toujours orientée dans cette direction. C'est pourquoi rien de lumineux, de chaleureux, de vivant n'émane d'eux : parce qu'ils se sont habitués à prendre.

Même dans l'amour, quand l'homme et la femme se cherchent, chacun, le plus souvent, ne pense qu'à prendre : l'homme veut absorber la vie de la femme et réciproquement. Et quand il n'y a plus rien à prendre, ils se séparent. Vous direz : « Mais quand ils s'unissent, ils se donnent quelque chose ! » Oui, mais ce n'est que pour mieux prendre : chacun ne pense qu'à obtenir quelque chose de l'autre, puiser chez l'autre avidement, égoïstement, sans scrupule. Eh bien, ce n'est pas cela l'amour. L'amour, c'est d'offrir quelque chose à l'âme et au cœur de l'autre, un élan, une vie, une inspiration, afin que cet être-là s'épanouisse et avance dans la lumière et dans la joie.

L'existence n'est pas un chemin lisse, uniforme, elle est faite de hauts et de bas, de creux et de bosses qui menacent continuellement notre équilibre. Mais c'est dans ces déséquilibres que nous avons les meilleures conditions pour progresser. Que sont les épreuves, la maladie ou la guerre ? Des déséquilibres ; dans ces déséquilibres les êtres bons trouvent des conditions pour devenir encore meilleurs, et les méchants, malheureusement, pour devenir plus méchants encore.

La vie crée des perturbations pour mettre les humains dans cet état de déséquilibre qui les oblige à réfléchir, à se développer, ou au moins à se révéler et se connaître eux-mêmes. S'ils n'ont pas d'épreuves ou de dangers à affronter, combien n'arriveront jamais à se connaître ! C'est ainsi que certains qui semblaient capables, intelligents, honnêtes, tombent tout de suite ou sont entraînés à commettre des actes lâches, criminels ; alors que d'autres, qui paraissaient insignifiants, se manifestent comme des héros ou des saints.

14 Décembre

Vous voulez trouver l'équilibre, la paix ? Efforcez-vous d'atteindre chaque jour le centre divin en vous-même. À ce moment-là, toutes les particules de votre être, toutes les énergies qui circulent en vous s'harmonisent et s'ordonnent par rapport à ce centre divin autour duquel elles se mettent à graviter.

Le secret de la vie spirituelle est de rattraper cette multitude d'éléments disparates qui sont allés s'éparpiller dans toutes les directions, et de les faire tourner autour de votre soleil intérieur comme les planètes tournent autour du soleil cosmique. À ce moment-là, oui, on peut parler d'ordre, d'harmonie et de paix, on peut parler du Royaume de Dieu : parce qu'il y a un centre, il y a un soleil, un noyau autour duquel tous les autres éléments trouvent leur place et découvrent la trajectoire à suivre.

Les exercices spirituels ne sont rien par eux-mêmes. Ils ne deviennent véritablement efficaces et bénéfiques qu'exécutés à la lumière d'un Enseignement qui donne des connaissances sur le monde invisible, les différents êtres qui l'habitent, les lois qui le régissent, les forces qui y circulent. Et plus important encore est d'apprendre comment l'être humain est construit, quels sont en lui les organes, les centres spirituels grâce auxquels il peut entrer en relation avec les régions lumineuses de l'espace. Mais même cela ne suffit pas. Une fois que l'on possède ce savoir, il faut se décider à changer sa façon de vivre, à sacrifier des activités qui sont en contradiction avec les buts de la Science initiatique.

Voilà l'essentiel, prenez-le en considération. Du moment que vous ne vous limiterez plus à une compréhension intellectuelle de la spiritualité, vous posséderez la compréhension véritable, cette compréhension qui envahit le corps entier jusqu'à la moindre cellule ; chaque exercice prendra alors pour vous une véritable signification et vous renforcera.

16 Décembre

Pour dire « je comprends », il arrive qu'on dise parfois « je vois ». Et, en effet, il existe plusieurs formes de vision que l'on nomme différemment selon les plans auxquels elles s'appliquent. Au niveau le plus élevé se manifeste la vision de l'esprit qu'on ressent comme une révélation. Cette vision n'a évidemment aucun support physique, matériel, et le plus souvent on n'a pas réellement conscience de voir, mais on voit.

Si vous recevez soudain, sous la forme d'une idée, la révélation d'une réalité supérieure, c'est que vous êtes parvenu à projeter très loin, très haut, des rayons de vous-même, et ces rayons vous font voir dans l'univers une structure, des lois, des correspondances. C'est la lumière de l'esprit qui éclaire la réalité et permet d'en saisir les aspects les plus élevés.

Vous priez et vous avez l'impression que cela ne sert à rien car vos prières ne sont pas exaucées ?… Eh bien, vous vous trompez. Si vos prières sont sincères, intenses et désintéressées, vous êtes exaucé, mais peu à peu. Ce que vous demandez ne peut pas se réaliser rapidement, mais puisque vous avez déclenché un processus, si vous êtes tenace, patient, ce processus, qui est continu, ira s'amplifiant. À l'instant même où vous priez, votre désir commence à se réaliser ; mais il faut du temps avant qu'il le soit complètement. Vous mettez une graine en terre : pour que cette graine devienne un arbre, il faut du temps, mais déjà vous êtes exaucé puisqu'elle commence à germer sous la terre.

Vous demandez le Royaume de Dieu et sa Justice ? Vous ne le ferez pas arriver en un seul jour, ni même en quelques années, ce n'est pas possible : c'est un arbre gigantesque qui a besoin de tellement de temps pour pousser ! Mais puisque la graine est semée, l'arbre est déjà en train de croître…

Ouvrir et fermer des portes, avez-vous réfléchi à l'importance de ce geste ? Savez-vous quand ouvrir une porte et quand la fermer ? Bien sûr, dans la vie ordinaire, vous le savez : vous le faites toute la journée pour entrer et sortir, ou faire entrer et sortir ceux que vous accueillez chez vous. Mais les portes dont je vous parle sont celles que nous avons en nous. Ce sont elles qu'il faut apprendre à ouvrir ou à fermer : les ouvrir quand nous voulons atteindre les régions célestes ou permettre aux anges d'entrer en nous, et les fermer pour ne pas laisser pénétrer les esprits ténébreux, pour préserver nos richesses spirituelles.

Les portes existent en nous sous toutes sortes de formes. Déjà dans notre corps physique nous en possédons douze : les deux yeux, les deux oreilles, les deux narines, la bouche, les deux seins, le nombril, et plus bas encore deux autres portes. Ces portes nous mettent en communication avec le monde physique qui nous entoure ; mais ce que l'on ne sait pas, c'est qu'elles ont aussi pour fonction de nous mettre en communication avec le monde psychique et le monde spirituel. Donc, voilà un vaste domaine à étudier : quand et comment ouvrir ou fermer ces portes…

L'homme, créé à l'image de Dieu, est aussi puissant que Lui. Alors pourquoi se montre-t-il si faible ? Parce qu'il ignore où est sa force. Et sa force n'est pas dans sa capacité d'exiger, de s'imposer, elle est dans son pouvoir de dire non. Cela signifie que personne au monde ne peut l'obliger à faire ce qu'il ne veut pas. Même si tout l'enfer se liguait contre lui pour l'obliger à agir contre sa volonté, l'enfer ne peut pas le contraindre. Et même Dieu ne peut pas contraindre l'homme ! C'est pourquoi, si l'homme savait où est sa vraie puissance, il résisterait à toutes les séductions, à toutes les tentations, il ne commettrait aucun acte mauvais. S'il commet des crimes, c'est qu'il y consent.

Les esprits ténébreux du monde invisible ont le pouvoir de tenter l'homme, et de l'éprouver, c'est Dieu Lui-même qui leur a donné ce pouvoir. Relisez, au début du *Livre de Job,* la conversation de Dieu avec Satan. Mais l'homme a toujours, lui, le pouvoir de dire non. C'est l'ignorance de son origine divine qui le rend tellement faible devant le mal.

Qu'il soit homme ou femme, l'être qui a véritablement trouvé son âme sœur, c'est-à-dire qui a trouvé en lui-même son principe complémentaire, a la sensation de rencontrer ce principe partout, chez toutes les créatures. Il aime toutes les femmes et tous les hommes sur la terre, il les aime spirituellement et il est heureux à cause de son âme sœur qui l'a comblé. Il n'éprouve plus ce manque qui l'oblige à chercher continuellement comment y remédier, il sent que toutes les rencontres qu'il fait contribuent à l'enrichir. Oui, quand vous avez réalisé la plénitude en vous, vous découvrez votre principe complémentaire dans toutes les créatures. Ce sont des expériences inexplicables et inexprimables. Seul celui qui les a réalisées peut les comprendre. Mais jusque-là, quel chemin à parcourir ! Toujours souffrir, être déçu, toujours chercher un être et ne pas le trouver… On se dit : « Ah ! le voici, il est là. » Et puis, quelque temps après, on se rend compte que ce n'était pas lui. Alors, c'est peut-être un autre ?… Cela continue ainsi jusqu'à ce que l'on se rende compte qu'on le possède au-dedans de soi. Mais du jour où on l'a trouvé en soi, on le trouve partout en dehors de soi.

Maintenant, comprenez-moi bien. Je ne déconseille pas et je ne condamne pas l'amour physique, l'union physique. Je vous explique seulement que si vous voulez trouver réellement la plénitude, c'est en vous-même, d'abord, que vous devez réaliser l'union des deux principes.

La terre, l'eau, l'air sont des moyens de purification, et je vous ai donné des méthodes, des exercices à faire avec eux. Mais le moyen de purification le plus puissant est le feu. Rien ne résiste au feu. C'est pourquoi la tradition initiatique enseigne que pour se transformer les humains doivent obligatoirement passer par le feu. Mais pas le feu physique, bien sûr, le feu psychique.

Dans le plan psychique il existe deux sortes de feu : le feu de la souffrance et le feu de l'amour spirituel. Par le feu de la souffrance, doivent obligatoirement passer tous ceux qui sont tellement têtus, obstinés dans la mauvaise voie, que seules les épreuves pourront les faire réfléchir et les transformer. Celui qui veut échapper à ce feu doit travailler avec le feu de l'amour qui le rendra lumineux et rayonnant. Et même s'il doit encore souffrir, car sur la terre on ne peut pas échapper aux épreuves, le feu de l'amour spirituel brûlera plus ardemment en lui et lui permettra de les surmonter. Le feu de la souffrance ordinaire asservit l'homme ; le feu de l'amour spirituel lui donne la liberté.

22 Décembre

Écrire ne consiste pas seulement à tracer des signes, des caractères sur du papier, ou toute autre matière. Écrire, au sens initiatique du terme, est un acte de volonté et de dépouillement. Écrire, c'est d'abord soumettre quelque chose en soi-même, puis le faire sortir pour le donner aux autres. Écrire, c'est laisser une trace, et certains philosophes, certains artistes ont laissé des traces magnifiques que l'on continue encore à étudier et dont on se nourrit depuis des milliers d'années.

Mais au-dessus des philosophes et des artistes, il y a les grands Initiés qui sont les véritables créateurs, car ils travaillent avec la magie divine, la théurgie. Ils tracent quelques mots dans l'espace, et ces mots écrits en lettres de feu vont s'imprimer partout dans les cerveaux et dans les cœurs.

La foi n'est pas un sentiment irrationnel, elle a pour fondement les expériences que nous avons faites au cours de nos incarnations passées et qui se sont inscrites dans notre âme. Oui, c'est tout ce que l'homme a étudié, vérifié, vécu dans ses existences antérieures qui est à l'origine de sa foi. On ne peut avoir foi qu'en ce que l'on a expérimenté, sinon on ne doit pas parler de foi mais seulement de croyance. Si vous avez foi en Dieu, c'est parce que vous avez communié avec Lui, vous L'avez touché, et ce contact a laissé en vous une trace si forte que vous ne pouvez plus douter, la foi en Dieu est inscrite en vous.

Si vous pouvez dire que tel chemin conduit à telle station, c'est que vous connaissez l'itinéraire. Mais si vous dites qu'en passant par tel endroit, vous parviendrez à des palais et des jardins et que vous ne trouviez que des marécages ou des précipices, c'est seulement que vous étiez poussé par le besoin de croire et non par la certitude de la foi. La croyance est le résultat d'un désir subjectif : on s'imagine qu'il se réalisera, mais le plus souvent ce n'est pas le cas. La foi au contraire est une certitude absolue qui aboutit à une réalisation.

Que ce soit une petite chambre ou une grande maison, dans tous les lieux que vous habitez, les murs, les meubles, les objets sont imprégnés de vos émanations. C'est le côté magique de la présence : vous déposez sur tout ce qui vous entoure, et particulièrement sur les objets que vous touchez, des particules éthériques qui sont conductrices d'influences favorables ou néfastes. Si vous projetez sans cesse des pensées, des paroles et des sentiments négatifs, ces objets deviennent comme des aimants qui attirent tout ce qui est mauvais de l'univers. Évidemment, le contraire est vrai aussi : si vos émanations sont imprégnées de sagesse et d'amour, vous déposez de bons fluides sur les objets qui vous entourent et ils deviennent des conducteurs de la lumière, de la joie, de la santé.

Désormais, habituez-vous à faire cet exercice : dans toutes les pièces de votre maison, apprenez à prendre les objets avec attention, avec amour, en demandant à l'Esprit divin d'étendre sa bénédiction sur eux. Dites : « Esprit de lumière, de pureté, de vérité, je Te consacre ces objets, afin qu'ils deviennent pour Toi un réceptacle, un instrument de ta puissance. » L'Esprit viendra habiter dans votre demeure.

Ce que nous appelons l'esprit et l'âme sont deux réalités en nous qui correspondent aux deux grands principes créateurs : les principes masculin et féminin que l'on appelle l'Esprit cosmique et l'Âme universelle. C'est pourquoi, comme eux, nous sommes nous aussi créateurs. Oui, nous aussi nous avons le pouvoir de créer, mais à une condition : que nous donnions aux deux principes masculin et féminin en nous, notre esprit et notre âme, toutes les conditions de se manifester.

Les activités qui font de nous des créateurs véritables sont la prière, la méditation, la contemplation, l'identification. Dans le désir de nous élever pour pénétrer l'Âme universelle, cette lumière qui est la matière de la création, par notre esprit nous la fertilisons. Alors notre âme reçoit les germes de l'Esprit cosmique et met au monde des enfants divins : l'inspiration, la joie, des actes de justice, de bonté et de noblesse. C'est cela aussi la signification de la fête de Noël.

26 Décembre

Chaque jour nous mangeons. Mais ne soyez pas choqués si je vous dis que nous sommes aussi mangés. Oui, nous servons de nourriture à d'autres entités : les anges. Ils prennent nos bonnes pensées, nos bons sentiments, tout ce qui en nous est inspiré par la sagesse et l'amour. Les anges nous considèrent comme des arbres qui produisent des fleurs et des fruits. Quand ils viennent les cueillir, ils ne cassent pas nos branches, au contraire, ils nous arrosent, nous soignent, afin que nous donnions des fruits encore plus succulents.

Mais il existe aussi des « anges » d'une autre espèce, les entités ténébreuses, les démons. Eux aussi doivent se nourrir, et ils vont se régaler chez les humains dont les mauvais desseins, les mauvais sentiments sont pour eux des mets succulents : ils leur prennent alors toutes leurs énergies et les laissent épuisés. Rien n'est pire que d'être dévoré par les esprits ténébreux, et rien n'est plus souhaitable que de servir de nourriture aux entités célestes. C'est pourquoi les Initiés nous disent que nous devons chaque jour nous offrir au Seigneur pour qu'Il se nourrisse de nous. Par cette image ils nous révèlent que l'idéal spirituel de l'homme est d'être absorbé par le Seigneur afin d'avoir en Lui sa demeure.

La joie, nous pouvons la ressentir en différentes occasions, mais c'est dans l'acte de créer que nous éprouvons les plus grandes joies, parce qu'en créant nous nous approchons de l'essence même de Dieu. Dieu crée, et l'être humain, qu'Il a fait à son image, est aussi capable de créer. Bien sûr, il n'y a aucune commune mesure entre les créations humaines et la création divine, mais dans le principe il n'y a pas de différence : l'homme est créateur comme Dieu.

Et puisque la joie la plus grande est dans l'acte de créer, c'est donc aux artistes qu'il est donné de goûter les plus grandes joies. « Et les savants, et les mystiques ? » direz-vous. Dans la mesure où les savants et les mystiques sont des créateurs, ils peuvent, bien sûr, éprouver d'aussi grandes joies que les artistes. Vous objecterez que vous avez connu beaucoup d'artistes malheureux. Oui, bien sûr, mais il faut comprendre : quand on parle de la joie de l'artiste, c'est celle qu'il ressent par le fait même qu'il crée, cette joie que donne l'acte de création. Et par « artiste », on peut entendre aussi n'importe quel être humain en train de créer quelque chose avec ses mains, ou par le sentiment, le désir, la pensée.

28 Décembre

Le sens de la vie se trouve dans la recherche de ce qui est éternellement irréalisable : la perfection divine. Car seul ce qui est impossible est réel, et ce qui est le plus éloigné de nous est en réalité le plus proche de nous. Voilà en apparence une absurdité. Eh bien, non, car les choses ne sont pas comme nous les voyons.

Celui qui tend vers l'irréalisable, la perfection de Dieu, celui-là est dans le réel. Puisqu'il L'a mis au centre de son existence, le Créateur participe à ses activités, à chacune de ses manifestations : Il est là, présent dans ses pensées, ses sentiments. Il croyait impossible de rencontrer Dieu, de s'unir à Lui, mais en réalité cette rencontre, cette union se font chaque jour, et même à son insu ! Chaque jour, sa foi, son espérance et son amour grandissent, chaque jour la lumière et la paix augmentent en lui.

Vous faites des projets pour aujourd'hui, pour demain, pour dans quelques semaines, quelques mois ou quelques années, c'est très bien, mais dans ces projets quelle place réservez-vous au Seigneur ? Il vous dit : « Je t'ai donné la vie, la joie, la beauté, je t'ai donné une famille, des amis et tant d'autres richesses… pourquoi ne me fais-tu pas une place dans ton cœur, alors que tu y accueilles n'importe qui, même des voleurs qui te dépouilleront ? Ne t'étonne pas si tu ne trouves ensuite aucun sens à ton existence. »

Le sens de la vie n'est jamais donné par le monde d'en bas, la matière ; il est donné par le monde d'en haut, l'esprit, cette étincelle, ce feu, cette lumière qui témoigne de la présence de la Divinité en l'homme, comme l'autel témoigne de sa présence dans un sanctuaire. Alors, faites une place pour Dieu en vous, pas à moitié, mais complètement. En cultivant sa présence, vous découvrirez combien votre vie devient riche et pleine de sens.

Aucune de vos bonnes actions, aucune de vos bonnes paroles ne se perd jamais. Pourquoi ? Parce que rien ne se perd, la moindre de vos manifestations a des répercussions quelque part. Vous ne le croyez pas parce que vous ne voyez rien se produire sous vos yeux. Mais ce n'est pas un argument : vous ignorez les effets que vos actes et vos paroles produiront nécessairement, et parfois très loin de vous.

Quand vous vous améliorez, de nombreuses personnes s'améliorent aussi. Et si vous ne progressez pas, vous entravez également l'évolution d'une quantité d'autres êtres, vous les empêchez de trouver le chemin de la lumière. Si, une fois, la Providence vous donnait la possibilité de voir les liens subtils qui se tissent entre chacun de vous et tous les êtres sur la terre, et même au-delà, vous seriez stupéfait. Chaque jour, vous tissez ainsi des liens. Il est donc important que vous fassiez constamment des efforts pour triompher de vos faiblesses et réveiller les vertus que vous laissez trop souvent somnoler en vous.

Le présent est le privilège de Dieu. Dieu vit dans un éternel présent, et c'est au présent qu'Il a donné tout pouvoir. Sachant cela, chacun de vous doit se dire : « Moi aussi, aujourd'hui, je dispose d'aujourd'hui. Le passé a été, et l'avenir n'est pas encore. Seul le présent m'appartient. Alors, au travail ! » Mais que font la majorité des humains ? Ils ruminent le passé, ils rêvent l'avenir, et pour le présent ils sont absents, ils le laissent filer en ne sachant pas comment le vivre.

Le passé est le plus souvent objet de regrets, de remords : on regrette le bon vieux temps, ou bien on se reproche les erreurs, les choix qu'on avait faits, les décisions qu'on avait prises. Quant à l'avenir… si on ne sait pas comment agir dans le présent, à quel avenir peut-on s'attendre ? Tout en espérant qu'il sera heureux, meilleur, on s'inquiète : que va-t-il arriver ? Et il en sera ainsi tant qu'on n'apprendra pas comment fonder demain sur cette base solide qu'est aujourd'hui.

Note :

L'Arbre de Vie est un schéma symbolique qui résume toute la Science initiatique, les doctrines de tous les Initiés. On peut le comparer à une graine, à une semence : plantez-la, elle fera apparaître devant vous toute la création avec la multitude des créatures. Ce schéma peut devenir un instrument magique, un pantacle parmi les plus puissants. Tout est là, tous les principes, tous les éléments, tous les facteurs avec lesquels le Seigneur a créé le monde.

Vous avez là un système qui vous aidera à ne pas vous disperser dans votre travail spirituel. Si vous travaillez des années sur ce tableau, vous introduisez en vous-même un ordre, un équilibre ; tout en vous devient organisé, harmonisé. Dès que vous avez un peu de temps, arrêtez-vous sur l'Arbre de Vie, choisissez une séphira, concentrez-vous sur elle et cherchez à développer les qualités ou les énergies qu'elle contient. Que vous ayez besoin de lumière, d'amour, que vous ayez besoin de force, de protection, de générosité, de justice ou de vie... adressez-vous à l'Arbre de Vie : il est là à la disposition des fils et des filles de Dieu qui ont besoin de se nourrir de la vie divine.

Omraam Mikhaël Aïvanhov

LES FRUITS DE L'ARBRE DE VIE

Tome 32 – Œuvres Complètes

Arbre séphirotique

1 Ehiéh
Kéther – *la Couronne*
Métatron
Hayoth haKodesch – *les Séraphins*
Reschith haGalgali – *les premiers tourbillons (Neptune)*
♆

3 Jéhovah
Binah – *l'Intelligence*
Tsaphkiel
Aralim – *les Trônes*
Chabtaï – *Saturne*
♄

2 Iah
Hohmah – *la Sagesse*
Raziel
Ophanim – *les Chérubins*
Mazaloth – *le Zodiaque (Uranus)*
♅

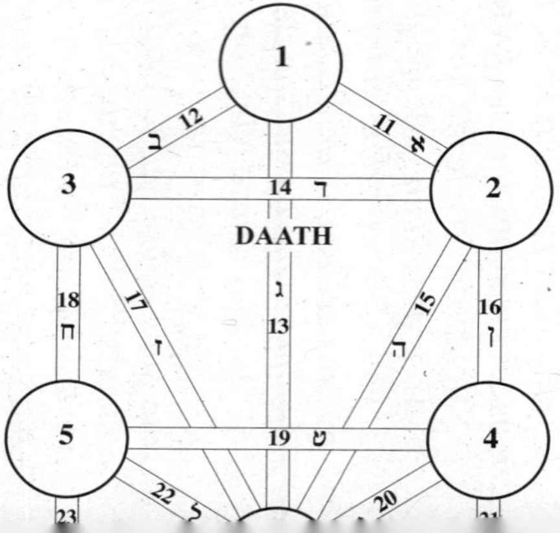

5 Elohim Guibor
Guébourah – *la Force*
Kamaël
Séraphim – *les Puissances*
Madim – *Mars*
♂

4 El
Hessed – *la Grâce*
Tsadkiel
Haschmalim – *les Dominations*
Tsédek – *Jupiter*
♃

8 Elohim Tsébaoth
Hod – *la Gloire*
Raphaël
Bneï-Elohim – *les Archanges*
Kohave – *Mercure*
☿

9 Chadaï-El-Haï
Iésod – *le Fondement*
Gabriel
Kéroubim – *les Anges*
Lévana – *Lune*
☽

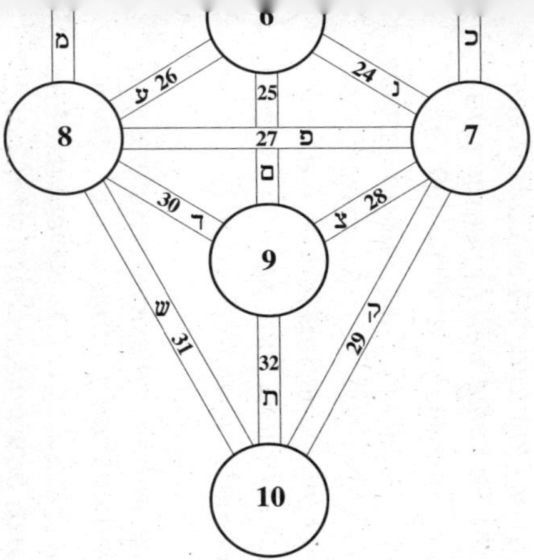

10 Adonaï-Méleh
Malhouth – *le Royaume*
Sandalfon
Ischim – *les Hommes parfaits*
Olam Iésodoth – *Terre*
♁

7 Jéhovah Tsébaoth
Netsah – *la Victoire*
Haniel
Elohim – *les Principautés*
Noga – *Vénus*
♀

6 Eloha vaDaath
Tiphéreth – *la Beauté*
Mikhaël
Malahim – *les Vertus*
Chémesch – *Soleil*
☉

Note : Sans rejeter la division corps – âme – esprit adoptée traditionnellement en Occident, Omraam Mikhaël Aïvanhov a surtout utilisé la division en six – ou sept – corps, inspirée de la philosophie hindoue. (Le corps éthérique, souvent mentionné, fait partie du corps physique. Voir à ce sujet le chapitre VI de « La vie psychique : éléments et structures »).

Les trois activités fondamentales par lesquelles se caractérise l'homme sont la pensée (qui a pour instrument l'intellect), le sentiment (qui a pour instrument le cœur) et l'action (qui a pour instrument le corps physique). Ne croyez pas que seul le corps physique soit fait de matière : le cœur et l'intellect aussi sont des instruments matériels, seulement leur matière est plus subtile que celle du corps physique.

Une longue tradition ésotérique enseigne que le support, le véhicule du sentiment est le corps astral et celui de l'intellect le corps mental. Mais cette trinité : corps physique, corps astral, corps mental constitue notre nature humaine imparfaite. Ces mêmes facultés de la pensée, du sentiment et de l'action se retrouvent en nous à un niveau supérieur, et là, leurs véhicules sont les corps causal, bouddhique et atmique qui forment notre Moi divin. Les trois grands cercles concentriques indiquent les relations qui existent entre les corps inférieurs et supérieurs.

NATURE SUPÉRIEURE

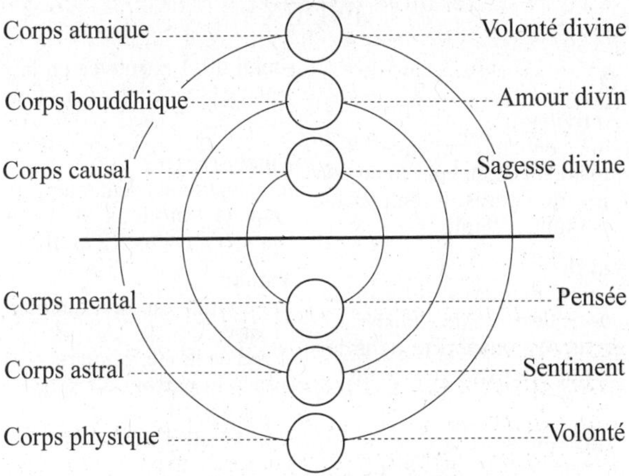

NATURE INFÉRIEURE

Le corps physique qui représente la force, la volonté, la puissance dans le plan matériel est lié au corps atmique qui représente la force, la puissance et la volonté divines.

Le corps astral qui représente les sentiments et les désirs égoïstes et personnels, est lié au corps bouddhique qui représente l'amour divin.

Le corps mental qui représente les pensées ordinaires et intéressées est lié au corps causal qui représente la sagesse divine.

Omraam Mikhaël Aïvanhov

« La vie psychique : éléments et structures » – *N° 222, chap. III, Collection Izvor.*

INDEX

F

I

J

U

V

Du même auteur :

Collection Izvor

200 – Hommage au Maître Peter Deunov
201 – Vers une civilisation solaire
202 – L'homme à la conquête de sa destinée
203 – Une éducation qui commence avant la naissance
204 – Le yoga de la nutrition
205 – La force sexuelle ou le Dragon ailé
206 – Une philosophie de l'Universel
207 – Qu'est-ce qu'un Maître spirituel ?
208 – L'égrégore de la Colombe ou le règne de la paix
209 – Noël et Pâques dans la tradition initiatique
210 – L'arbre de la connaissance du bien et du mal
211 – La liberté, victoire de l'esprit
212 – La lumière, esprit vivant
213 – Nature humaine et nature divine
214 – Le Masculin et le Féminin, fondements de la création
215 – Le véritable enseignement du Christ
216 – Les secrets du livre de la nature
217 – Nouvelle lumière sur les Évangiles
218 – Le langage des figures géométriques
219 – Centres et corps subtils – *Aura, plexus solaire, centre Hara...*
220 – Le zodiaque, clé de l'homme et de l'univers
221 – Le travail alchimique ou la quête de la perfection
222 – La vie psychique : éléments et structures
223 – Création artistique et création spirituelle
224 – Puissances de la pensée
225 – Harmonie et santé
226 – Le Livre de la Magie divine
227 – Règles d'or pour la vie quotidienne
228 – Regards sur l'invisible
229 – La voie du silence
230 – Approche de la Cité céleste – *Commentaires de l'Apocalypse*
231 – Les semences du bonheur
232 – Les révélations du feu et de l'eau
233 – Un avenir pour la jeunesse
234 – La vérité, fruit de la sagesse et de l'amour
235 – « En esprit et en vérité »
236 – De l'homme à Dieu – *Séphiroth et hiérarchies angéliques*
237 – La Balance cosmique – *Le nombre 2*
238 – La foi qui transporte les montagnes
239 – L'amour plus grand que la foi
240 – Qu'est-ce qu'un fils de Dieu ?
241 – La pierre philosophale – *des Évangiles aux traités alchimiques*
242 – Aux sources inaltérables de la joie
243 – Le rire du sage
244 – Marchez tant que vous avez la lumière

Éditeur-Distributeur
Éditions Prosveta S.A. - Z.A. Le Capitou - B.P. 12
F - 83601 Fréjus CEDEX (France)
Tél. (33) 04 94 19 33 33 – Fax (33) 04 94 19 33 34
E-mail: international@prosveta.com
Site Internet: www.prosveta.com

Les Éditions Prosveta S.A. sont détentrices des droits mondiaux d'édition pour l'œuvre du Maître Omraam Mikhaël Aïvanhov. Elles la publient principalement en langue française et anglaise et accordent des droits de traduction et d'édition ou de coédition pour d'autres langues.

Les différentes sociétés ou organisations utilisant la marque Prosveta® dans le monde sont indépendantes et n'ont pas de filiation entre elles.

*** Éditeur dans sa langue - ** Diffuseur - *** Point de vente**

Éditeurs et/ou distributeurs

ALLEMAGNE

* PROSVETA Verlag GmbH – Heerstrasse 55 – 78628 Rottweil
Tél. (49) 741-46551 – Fax. (49) 741-46552 – e-mail: prosveta7@aol.com

ARGENTINE

** ASOCIACIÓN SOPHIA – Chile 1736 – Ciudad Mendoza
Tél (54) 261 420 10 47 – e-mail: info@sophia.org.ar

AUSTRALIE

** PROSVETA AUSTRALIA
16 Galway Gardens – Warnbro WA 6169
Tél. (61) 8 9594 1145 – e-mail: prosveta.au@aapt.net.au

AUTRICHE

** HARMONIEQUELL VERSAND – Hof 37 – A- 5302 Henndorf am Wallersee
Tél. / Fax. (43) 6214 7413 – e-mail: info@prosveta.at

BELGIQUE & LUXEMBOURG

** PROSVETA BENELUX – Chaussée de Merchtem 123 – 1780 Wemmel
Tél./Fax (32) 2 460 1362 – e-mail : prosveta@skynet.be
** N.V. MAKLU Somersstraat 13-15 – B-2000 Antwerpen
Tél. (32) 3/231 29 00 – Fax (32) 3/233 26 59
** S.D.L. CARAVELLE S.A. – rue du Pré aux Oies, 303 – 1130 Bruxelles
Tél. (32) 2 240 93 00 – Fax (32) 2 216 35 98
e-mail : info@sdlcaravelle.com

BOLIVIA

** BELTRÁN – Calle Muñoz Cornejo, Sopocachi – La Paz
e-mail: mariabelre@yahoo.es

BRÉSIL

* EDITORA NOVA ERA um selo da EDITORA BEST SELLER LTDA
(Grupo Editorial Record)
Rua Argentina 171 – Rio de Janeiro, RJ – 20921-380
Atendimento e venda direta ao leitor:
mdireto@record.com.br ou tel. (21) 2585-2002

BULGARIE

*** NOVA EPOHA – Rue Chesti Semptembri n°28 – Sofia 1000
Port. 0359 (0)88 981 98 98 – Tél. 0359 (0)2/981 98 98
Fax. 0359 (0)2/981 32 79 – e-mail: novaepoha@novaepoha.com

CANADA

** PROSVETA Inc.
3950, Albert Mines – Canton-de-Hatley (Qc), J0B 2C0
Tél. (819) 564-8212 – Fax. (819) 564-1823
in Canada, call toll free: 1-800-854-8212
e-mail: prosveta@prosveta-canada.com / www.prosveta-canada.com

COLOMBIE

* PROSVETA COLOMBIA
Calle 174 Número 54B – 50 Interior 6 – Villa del Prado – Bogotá
Tél. (57 1) 6 14 53 85 / 6 72 16 89 – Fax. (57 1) 6 33 58 03
Portable: (57) 311 8 10 25 42 – e-mail: prosveta.colombia@hotmail.com

CONGO

** PROSVETA CONGO
29, Avenue de la Révolution – B.P. 768 – Pointe-Noire
Tél. (242) 948156 / (242) 055531254 – Fax. (242) 948156
e-mail: prosvetacongo@yahoo.fr

CÔTE D'IVOIRE

** Librairie Prosveta
25 rue Paul Langevin Zone 4C – 01 B.P. 2 – Abidjan 01
e-mail: prosvetafrique@yahoo.fr – Tél/Fax: (225) 21 25 42 11

ESPAGNE

* ASOCIACIÓN PROSVETA ESPAÑOLA
C/ Ausias March n° 23 Ático
SP-08010 Barcelona – Tél. (34) (93) 412 31 85 – Fax. (34) (93) 318 89 01
e-mail: aprosveta@prosveta.es

ÉTATS-UNIS

** PROSVETA US Dist.
29781 Shenandoah LN – Canyon Country CA 91387
Tél. (661) 252-9090
e-mail: prosveta-usa@earthlink.net. / www.prosveta-usa.com
** FBU - USA
P.O. Box 932 – Locust Valley, 11560 New-York
e-mail: fbu_usa@hotmail.com

FRANCE – DOM TOM

* Éditions Prosveta S.A.
B.P. 12 – F - 83601 Fréjus CEDEX (France)
Tél. (33) 04 94 19 33 33 – Fax (33) 04 94 19 33 34
e-mail: international@prosveta.com – www.prosveta.com

GRÈCE

* PYRINOS KOSMOS – BOOK - PUBLISHERS
16 Hippocratous Str., 106 80 ATHENS
Tél. 30/1/3602883, 30/1/3615233 – Fax : 30/1/3611234
e-mail : info@pyrinoskosmos.gr – www.pyrinoskosmos.gr

HAÏTI

** PROSVETA DÉPÔT HAÏTI
Angle rue Faustin 1er et rue Bois Patate #25 bis
6110 Port-au-Prince
Tél. (509) 22 45 18 65 – Portable : (509) 34 64 80 88
e-mail: rbaaudant@yahoo.com

INDE

* VIJ BOOKS INDIA PVT. LTD. *(Anglais et Hindi)*
2/19, (Second Floor) Ansari Road, Darya Ganj, New Dehli - 110 002
Tél. + 91-11-43596460, 011-65449971 – Fax +91-11-30126465
e-mail: vijbooks@rediffmail.com – www.vijbooks.com

ISRAËL

** Zohar, P.B. 1046, Netanya 42110 – e-mail: prosveta.il@hotmail.com

ITALIE

* PROSVETA Coop. a r.l.
Casella Postale 55 – 06068 Tavernelle (PG)
Tél. (39) 075-835 84 98 – Fax (39) 075-6306 20 18 – e-mail: prosveta@tin.it

LIBAN

** PROSVETA LIBAN – P.O. Box 90-995
Jdeidet-el-Metn, Beirut – Tél. (03) 448560 – e-mail: prosveta_lb@terra.net.lb

...NIE

...YKLA MIJALBA
... G 26 B – 44319 Kaunas – Tél. 370.687 8760 – Fax 370.37 353088
...@mijalba.com – www.mijalba.com

...RDEN – Postboks 318, N-1502 Moss
...0 – Fax. (47) 69 26 51 08 – e-mail: info@prosveta.no

...AND LTD

...027 3560107 – e-mail: info@prosveta.co.nz

...AND – Zeestraat 50 – 2042 LC Zandvoort
...5 803 20

....pl

...maitreya...

UMANIE

* EDITURA PROSVETA SRL
Str. N. Constantinescu 10 – Bloc 16A - sc A - Apt. 9
Bloc 16A - sc A - Apt. 9 – Sector 1 – 71253 Bucarest
Tél. 004021-231 28 78 – Tél. / Fax. 004021-231 37 19
e-mail : prosveta_ro@yahoo.com

ROYAUME-UNI – IRLANDE

** PROSVETA The Doves Nest, Duddleswell Uckfield – East Sussex TN 22 3JJ
Tél. (44) (01825) 712988 – Fax. (44) (01825)713386
e-mail: prosveta@pavilion.co.uk

RUSSIE

* EDITIONS PROSVETA
143 964 Moskovskaya oblast, g. Reutov – 4, post/box 4
Tél./ Fax (495) 525 18 17 – Tél. (495) 795 70 74 – e-mail: prosveta@prosveta.ru

SERBIE

* ÉDITIONS GLOSARIJUM (pour la langue serbe)
Rige od Fere 12 – Beograd
Tél./Fax 011/2182-163 – e-mail: glosarijum@glosarijum.com

SUISSE

** PROSVETA Société Coopérative
Ch. de la Céramone 13 – CH - 1808 Les Monts-de-Corsier
Tél. (41) 21 921 92 18 – Fax. (41) 21 922 92 04
e-mail: prosveta@prosveta.ch

VENEZUELA

** PROSVETA VENEZUELA C. A. – Calle Madrid
Edificio La Trinidad – Las Mercedes – Caracas D.F.
Tél. (58) 414 134 75 34 – e-mail: prosvetavenezuela@gmail.com

Liste mise à jour le 27.05.2011

L'association Fraternité Blanche Universelle
a pour but l'étude et l'application de l'Enseignement
du Maître Omraam Mikhaël Aïvanhov édité et diffusé
par les Éditions Prosveta.
Pour tout renseignement sur l'association et ses activités, s'adresser a
de la Fraternité Blanche Universelle
2 rue du Belvédère de la Ronce
F - 92310 SÈVRES, FRANCE
01 45 34 08 85 – Fax (33) 01 46 23 09
fbu.org – Site internet - www.fbu.

r en juin 2011
VENETA S.p.
baseleghe (
2011